L'AVOCAT DES BETES

Dr Michel Klein

L'AVOCAT DES BETES

Préface de Pascal Picq

Editions Anne Carrière

Du même auteur :

Ces bêtes qui m'ont fait homme, Robert Laffont, 1976.

A Marie-Christine
la lumière et l'amour de ma vie.

Cet ouvrage comporte un cahier photos
en couleurs hors-texte de 16 pages.

ISBN 10 : 2-84337-374-3
ISBN 13 : 978-2-84337-374-9

www.anne-carriere.fr

Préface

L'homme, la bête devenue inhumaine

D'emblée, écartons le cliché erroné accusant ceux qui aiment et défendent les animaux de ne pas aimer les hommes. Bien sûr, nous connaissons tous des personnes, et même des personnalités qui, déçues des hommes, se réfugient chez l'animal. Terrible exil dont l'animal souffrira aussi. Il existe aussi nombre de grands penseurs « humanistes » qui dégagent l'homme de l'*animalité* – un des concepts les plus odieux de la pensée occidentale – et qui, comme Heidegger, ont rejoint, par égarement anthropocentrique de la pensée, l'abomination qui aboutit à l'extermination d'autres hommes supposés valoir encore moins que des bêtes. L'horreur attend toujours au bout des chemins de l'exclusion. Aujourd'hui, c'est de la fin de l'Homme dont il est question.

Michel Klein nous invite à la dernière réconciliation, lui qui est devenu l'avocat des bêtes parce que témoin de ces événements qui marquèrent l'humanité depuis le milieu du XXe siècle. Ce livre n'est pas *pour* les bêtes *contre* l'Homme, mais pour les hommes liés à une communauté de destin avec les autres êtres vivants. Michel Klein s'effraie de cette incapacité des femmes et des hommes « modernes » à donner du temps à leurs enfants, déléguant à la société tout ce qui participe de l'éducation. C'est comme cela que l'on obtient des sauvages ou que l'on produit des pitbulls, conséquences effroyables, non pas de l'irresponsabilité, mais du renoncement à la responsabilité éducative. Certes, le problème n'est pas nouveau puisque le fondateur de la classification des animaux au XVIIIe siècle, Charles Linné, nommera ainsi la classe des mammifères, pour fustiger l'habitude prise par les femmes des classes aisées d'avoir recours à des nourrices. Il ne s'agit pas ici de fustiger les mères qui subissent le rôle que leur octroient les sociétés des hommes. Rappelons seulement la terrible expérience de Harlow qui isola de jeunes singes macaques de leur mère très peu de temps après leur naissance, et les plaça dans des cages équipées de deux mannequins : l'un couvert d'une fourrure, l'autre présentant une tétine montée sur une structure métallique. Les pauvres petits singes passaient leur temps blottis contre la fourrure et ne la quittaient que pour assurer leur subsistance. Je rappelle que nous sommes des mammifères et des singes, et que l'espèce humaine est en danger en raison d'un effondrement démographique annoncé. Une espèce dont les individus ne pensent plus qu'à eux, les enfants comme les bêtes ne participant que de caprices passagers, l'éducation étant renvoyée à la société et les bêtes abandonnées sur la route des congés, le si précieux temps des loisirs. Une telle espèce va vers l'extinction, une tendance déjà amorcée[1]. Terrible vision de la sombre utopie du *Meilleur des mondes* d'Aldous Huxley.

---

1. Voir *La Fin de l'humanité*, Christian Godin, Champ Vallon, 2003.

Préface

La première fois que j'ai entendu parler de Michel Klein, j'étais un jeune enfant de la banlieue parisienne, à Gennevilliers. Mes parents étaient maraîchers et la petite couronne, aujourd'hui couverte d'une forêt d'immeubles, était une mosaïque de terrains agricoles. Je me souviens de la ferme au cœur de la commune, où nous allions boire du bon lait, parfois avec toute la classe. (Résonne alors la belle chanson *La Maison près de la fontaine* de Nino Ferrer.) *Pas très loin de chez moi, quelques terrains* plus loin, vivait M. Armand Brard, ami de mes parents et propriétaire d'une jument. Celle-ci tomba malade et M. Brard appela le déjà célèbre Michel Klein. Les lecteurs de ce livre pourraient s'agacer de toutes ces vedettes, ces personnalités évoquées par Michel Klein apparaissant comme un vétérinaire mondain. Eh bien, qui connaît ce M. Brard qui reçut les visites régulières et amicales de Michel, et la joie de mon père qui, de retour d'une visite chez nos amis Brard, lançait : « Nous avons bu un coup avec le Dr Klein. » Alors, quand je le voyais sur l'unique chaîne de l'ORTF, imaginez mon sentiment. Tout cela est si humainement bête.

Quelques décennies plus tard, j'ai rencontré Michel autour d'une autre histoire de bête, notamment un chimpanzé, dans la clinique de Beaugrenelle. Car, entre-temps, le petit garçon de Gennevilliers est devenu un spécialiste de l'évolution de l'Homme, un paléoanthropologue du Collège de France, qui n'a jamais eu honte de ses origines, qu'elles soient humaines ou simiesques. Les origines, c'est ce qui nous unit tous, hommes et bêtes, dans ce qui est devenu l'éventail dévasté du vivant à cause de l'arrogance irresponsable de quelques cultures dévorées d'hégémonie et de technologie. Je n'ai jamais compris cette attitude méprisante envers les animaux, notamment des plus proches de nous selon l'évolution, les grands singes. D'abord physicien, j'entrepris des études d'anthropologie très tard dans mon cursus universitaire, et jamais je n'eus d'enseignement sur les singes ou les grands singes. Je découvris leur vie fascinante lors de mon long séjour à l'université Duke, aux Etats-Unis. Je compris qu'il était devenu complètement stupide de prétendre élucider les origines de la lignée humaine sans s'occuper des grands singes, et des autres singes. Aujourd'hui, on m'identifie comme « monsieur grands singes » alors que je suis avant tout et reste un anthropologue, car nous sommes de la même famille[1]. C'est là que Michel et moi nous nous rejoignons, à la fin du livre mais au commencement de tout. L'évolution de l'Homme, ce n'est pas l'évolution de la seule lignée humaine. Depuis des dizaines de millions d'années, nos ancêtres ont co-évolué avec les autres lignées de singes, d'oiseaux, de mammifères, de plantes... Une lignée n'évolue pas seule ; sinon, elle s'éteint. Je connais fort bien toute cette histoire évolutive ; Michel Klein, en se référant à ma discipline, la reprend pour nous donner son expérience et dire combien notre avenir est d'ores et déjà menacé, car nous n'avons cessé, en un demi-siècle, d'anéantir les fondements de notre évolution à venir. Le temps d'une nouvelle éthique humaniste nous interpelle dans l'urgence[2]. Michel n'est pas l'avocat des bêtes, mais de l'Homme bête humaine.

Ce livre fait revivre, au sens le plus noble du terme, un demi-siècle d'avancées considérables dans les sciences

---

1. Voir Pascal Picq et coll., *Les grands singes : l'humanité au fond des yeux*, Odile Jacob, 2005.
2. Voir Pascal Picq, *Nouvelle Histoire de l'Homme*, Perrin, 2005.

vétérinaires en relation avec la médecine, car les sciences du vivant n'ont pas de frontière, de même qu'il n'y a plus de frontière entre les sciences de l'Homme et l'éthologie. Il fourmille d'anecdotes pleines d'enseignements. L'anecdote, c'est ce que détestent beaucoup de spécialistes du comportement animal, de ce qu'on appelle l'éthologie. Or, justement, ce sont les anecdotes qui révèlent les facettes les plus fascinantes de la vie des bêtes, mais aussi des hommes. La rencontre de la femme de sa vie, c'est une anecdote qui féconde toute une vie.

Je vis toujours en banlieue, en grande banlieue, aux confins du Val-d'Oise et de l'Oise. Ma chienne, magnifique bâtarde aux yeux bleus, vient du refuge de Gennevilliers fondé par Michel, juste à côté de l'ancienne maison des Brard. J'ai le bonheur, rêve d'enfant réalisé tardivement, de posséder une jument, Furie la bien nommée. Un jour, comme souvent le dimanche après-midi, je galopais en pleine forêt. Sur le chemin, je vois des parents avec leurs jeunes enfants, dont une petite fille dans une poussette. La fougueuse Furie sait qu'elle doit passer au pas à proximité des gens et, écumante de sueur, les veines dilatées sous sa fine robe cuivrée, le souffle puissant, elle approche son museau du visage de la petite fille. Les parents sont inquiets, pas l'enfant, émerveillée. Alors d'entendre la maman dire : « Tu as vu, c'est comme à la télé ! » Moi, petit, j'avais la chance de voir Michel Klein à la télé. Le monde a changé.

Pascal Picq

1

Attention, danger !

Mon livre *Ces bêtes qui m'ont fait homme*, paru en 1976, s'achevait sur le constat plutôt alarmiste d'une situation qui, nous le voyons aujourd'hui, n'a cessé de s'aggraver. Dans le dernier chapitre, intitulé « Vivre avec l'animal ou périr avec lui », je m'appuyais, entre autres, sur l'expérience du psychologue américain John B. Calhoun pour illustrer mon propos.

Pour reprendre ma pensée, et afin de pouvoir poursuivre, il me faut vous rappeler cette image : celle d'un groupe de rats, mâles et femelles, que l'on place dans des conditions soi-disant idéales pour vivre. Qu'arrive-t-il alors ?

On installe un groupe de rats dans un lieu où tout leur est fourni, sans qu'ils aient à faire le moindre effort : la nourriture arrive à profusion, même en l'absence de demande, et les rats vivent dans un confort absolu. Il y a « à boire et à manger », si j'ose dire, bien au-delà de ce que la vie peut exiger.

Les rats sont servis comme des rois : inactifs, ils passent leur temps à « s'empiffrer ». C'est la vie de château ! Assez rapidement, on remarque que les mâles n'hésitent pas à violer les tabous relatifs aux rites du « mariage » et se précipitent sur les femelles, même si elles ne sont pas en chaleur, donc sans aucun égard. Les femelles, ainsi fécondées, ne peuvent porter à terme leur progéniture : elles avortent et meurent parfois avant la mise bas. On voit ces mères incapables de construire un nid pour leurs petits et pas fichues de les protéger. En cas de danger, elles renoncent à les transporter un par un pour les mettre en lieu sûr, comme elles le font normalement. Elles les abandonnent et perdent leur trace. Dispersés, les petits meurent, ou bien sont dévorés par les adultes.

Au fur et à mesure que le temps passe, l'atmosphère devient pesante, voire « plombée ». On constate que le désordre se généralise : certains rats se réfugient dans la passivité et se referment sur eux-mêmes, comme introvertis. Ils ne bougent plus et ne se nourrissent même plus. D'autres, plus nombreux, se montrent hystériques et agressifs. Ils courent comme des fous, dans tous les sens, et s'attaquent aux mâles de haut rang. Aucune hiérarchie n'étant plus respectée, ils finissent tous par s'entre-tuer. Et la société périt jusqu'au dernier individu.

L'interprétation de ce genre d'expérience est toujours complexe et délicate. Certains lecteurs penseront probablement que, de toute façon, nous ne sommes pas des rats. Je n'en suis pas si sûr...

L'état de régression et de dégénérescence dans lequel se retrouvent ces petites bêtes me ramène inexorablement à notre condition humaine. Nous avons fabriqué une société dont les maîtres mots sont aujourd'hui le confort et la surconsommation. Avec tout ce que notre organisation sociale et économique nous offre, nous sommes devenus ce que nous devrions appeler une société d'assistés. Pas totalement, certes, mais en quelle proportion ?

D'abord, on trouve de tout, en toute saison et en tout lieu, pour s'alimenter : des légumes et des fruits, même exotiques, en plein hiver, de la viande, du gibier, du poisson tous azimuts, ainsi que des crustacés, des baleines et autres cétacés. Il ne manque rien au tableau pour répondre non pas à nos besoins – qui sont largement dépassés par l'offre –, mais à nos envies. Résultat : nos sociétés dites riches sont confrontées à des problèmes nouveaux tels que l'obésité. Quand nous faisons nos courses, tout est prévu aussi pour faciliter nos déplacements, donc nos achats : les parkings, les Caddie, les cartes de crédit... La seule condition est d'avoir de l'argent, bien sûr, et une voiture, car les agglomérations se sont agrandies au point de rendre les trajets à pied difficiles, sinon impossibles. Se pose alors une autre question, relative à la loi du nombre : comment allons-nous pouvoir fournir de l'énergie à tous ces véhicules ? Mais là n'est pas encore notre propos.

Physiologiquement parlant, la fonction crée l'organe. Si l'on est droitier, le biceps droit est toujours plus développé que le biceps gauche, tout le monde le sait. L'expérience de John B. Calhoun montre bien que, si aucun effort n'est requis pour « gagner sa croûte », on se ramollit. On n'a plus ni la volonté de se battre, ni l'ambition de vaincre. Le stimulus originel, lié à l'obligation de vivre envers et contre tout, disparaît. Sans ce facteur fondamental, on perd tout simplement l'envie d'exister. La vie n'est possible qu'avec l'effort qui l'accompagne.

Dans le cadre d'une activité professionnelle, par exemple, il est recommandé d'exercer un travail qui nous donne une certaine satisfaction. C'est l'intérêt que nous portons à notre activité et la passion que nous y mettons qui nous permettront d'acquérir toute maîtrise en ce domaine. Si, comme moi, vous obtenez votre certificat d'études d'ophtalmologie et que vous n'êtes pas résident dans un service d'ophtalmologie pendant trois à cinq ans à ne faire que ça, vous ne pouvez prétendre à vous poser en véritable spécialiste, maître dans cet art. Votre diplôme ne correspond qu'à une affichette. Seuls les efforts au travail et l'expérience inscrite dans le temps feront de vous un véritable spécialiste.

Le monde d'aujourd'hui m'inquiète et, comme à mon habitude, je me tourne vers les bêtes pour comprendre – toujours – et apprendre encore : leur fonctionnement me renvoie vers nos propres dysfonctionnements. Je vous apporte modestement mon expérience, peut-être empirique, mais mes nombreuses années de vie et de travail avec les bêtes valent bien des observations dites « scientifiques ». Sans vouloir étaler de la science, tout ce que j'ai l'intention de vous raconter dans ce livre représente un regard de clinicien sur le terrain.

La régulation démographique est probablement l'un des problèmes fondamentaux qui nous concernent. Les exemples se rapportant à cette question au sein des espèces animales sont nombreux, tel celui de cette tigresse qui refusait de laisser téter l'un de ses bébés. Il était évident qu'elle ne se sentait pas capable d'en nourrir plus de deux et rejetait donc le troisième, le vouant à une mort certaine. Ainsi va la nature... Mais cette tigresse vivait dans un cirque. La « régulation » n'eut donc pas lieu... Les trois frères Togni, Livio, Flavio et Corrado, dirigeaient le plus beau cirque que j'aie jamais vu : on aurait dit la Scala de Milan ! Ils en étaient aussi les principaux acteurs : acrobates, jongleurs, dompteurs, ils savaient tout faire, ces trois-là... L'une de leurs tigresses avait donc mis au monde trois petits. Comme elle n'avait pas assez de lait, un des bébés tigres avait commencé à dépérir et sa mère l'avait rejeté. Les femelles connaissent leurs limites et savent tout de suite si elles sont capables – ou pas – d'élever tous les petits qu'elles mettent au monde. Souvent, elles préfèrent en sauver un ou deux plutôt que de les mettre tous en danger.

Un soir, tard, le bébé tigre en question m'avait été confié dans un état que je qualifierais de mourant. Il devait avoir une semaine. Sans hésiter, je l'avais emmené à la maison et mis sous perfusion. Je lui avais posé un cathéter dans une jugulaire qu'il avait fallu découvrir tellement elle était affaissée. La température rectale du petit tigre n'était alors que de 35 °C à peine. J'avais donc fait passer la tubulure de la perfusion dans un récipient d'eau chaude, afin de réchauffer le sérum.

Toute la nuit, Marie-Christine et moi avions veillé sur lui. Nous l'avions couché au pied de notre lit, dans un carton où nous avions placé des bouillottes pour qu'il n'ait pas froid. Un lainage léger le recouvrait. J'avais la main posée en permanence sur son petit corps, non seulement pour le rassurer, mais aussi et surtout pour me rendre compte de l'état des choses à chaque instant.

Peu à peu, le petit tigre avait repris vie et, quelques jours après, nous avions pu lui donner son premier biberon, qu'il avait avalé avec avidité ! Au fur et à mesure, nous avions ajouté à son lait de la viande passée au mixer et, avec un tel régime et une telle envie de vivre, il avait été en état de retrouver sa mère au bout de six semaines. Mais, celle-ci l'avait encore rejeté. Elle avait même failli le tuer malgré les pleurs et les cris de son bébé. Ce dernier avait acquis l'odeur humaine et sa mère ne voulait plus le reconnaître. Alors nous avions dû le reprendre. Pour être tout à fait honnêtes, nous étions plutôt contents, car nous nous y étions attachés ! Sur le chemin du retour, le bébé tigre était furieux. Il était assis dans un panier en osier et, n'étant pas enfermé, il nous agressait. Il gueulait sans arrêt, comme s'il cherchait à nous dire que nous étions les seuls fautifs de la conduite de sa mère. Il exprimait parfaitement son mécontentement. Il s'est calmé dans les jours qui ont suivi.

Il avait pris de drôles d'habitudes avec nous, notamment celle de dormir dans notre lit conjugal, entre ma femme et moi. Un soir, j'étais rentré très tard de mes consultations et le petit tigre dormait déjà au côté de mon épouse. Je voulus me coucher, mais il m'a repoussé – presque attaqué ! – pour me signifier que, désormais, c'était sa place ! Il fallut que je lui montre que c'était moi le maître et les choses reprirent leur cours normal.

Ce bébé tigre était très intelligent, au point d'être propre, comme les chats familiers, dès le début de notre « cohabitation » : d'emblée, il avait compris qu'il devait aller faire ses besoins sur le carrelage de la cuisine. Nous l'emmenions partout, car nous ne voulions pas le laisser seul. En vérité, nous étions aussi désireux de l'avoir près de nous tout le temps...

On n'imagine pas à quel point on peut s'attacher à un bébé félin. Son contact si doux, sa voix câline, cependant affirmée, son petit coup de langue affectueux, pouvaient nous plonger – de façon inconsciente – dans une extase inconnue jusqu'alors. C'était quelque chose d'incroyable !

Un jour, nous nous étions rendus à un déjeuner professionnel avec lui, au siège social des Laboratoires Sanofi, avenue Georges-V, à Paris. Inutile de dire que notre bébé tigre était devenu la vedette du jour et l'unique sujet de conversation, caresses à l'appui ! En guise d'autographes, il donnait des coups de griffes très tendres. Il faut dire que les gestes et les sons émis par un animal, qu'il soit bébé ou adulte, sont interprétables et compréhensibles. Ils s'expriment réellement, et il suffit de les regarder et de les écouter pour comprendre.

J'ai appris à « parler » avec les tigres adultes : je souffle entre mes lèvres en émettant un bruit typique, proche des vibrations. Les sons que je produis spontanément et la tonalité particulière que je leur donne sont apparemment interprétés comme amicaux par les félins. La plupart du temps, ils répliquent de la même manière, c'est-à-dire avec des sons similaires, ce qui équivaut à une sorte de salutation amicale.

Nous nous sommes occupés du bébé tigre pendant quatre mois environ. Nous l'aurions bien gardé plus longtemps, mais les frères Togni devaient reprendre la route. L'un des employés du cirque, le soigneur des fauves, avait pris le relais. Il avait permis au petit tigre de vivre une transition nécessaire entre la vie – plutôt confortable – qu'on lui avait « construite » pendant plusieurs semaines, et celle, que l'on pourrait qualifier de « collective » aux côtés des autres tigres, qui l'attendait au cirque. Ce jeune garçon de piste, très doux avec les bêtes, lui avait ouvert la porte de sa caravane. Le petit tigre dormait auprès de lui dans une boîte posée au pied de son lit. Au bout d'un an, il était allé rejoindre ses semblables dans les cages qui leur étaient réservées. Il avait pris sa vraie place dans le cirque et avait pleinement fait partie du spectacle, en participant à divers numéros en compagnie d'autres félins.

Les tigres vivent jusqu'à trente ans – et même davantage – dans les cirques et les parcs zoologiques où les conditions de vie, de sécurité, de santé et de subsistance sont mieux assurées que dans la nature. Alors, je me dis parfois que « notre » bébé tigre doit être encore vivant aujourd'hui et qu'il continue sans doute à apporter de la joie dans le cœur des êtres humains, petits et grands, qui l'aperçoivent.

Il y a plus de tigres en captivité – dans les zoos et les cirques – que dans leurs pays d'origine, dans la nature.

La première mission de l'animal est sans doute de rappeler à l'homme les conditions élémentaires de sa survie, au moment où ce dernier est en train de les perdre de vue. Les sociétés animales, nous venons de le voir avec l'exemple de cette maman tigre, disposent de mécanismes régulateurs qui limitent leur développement dans certaines conditions, maîtrisent l'agressivité à l'intérieur de l'espèce et freinent les excès de l'individualisme. Or, que se passe-t-il dans nos sociétés humaines ? La démographie explose, la violence s'installe, l'égoïsme s'exacerbe et domine.

L'exemple des pigeons des villes n'est pas exclusif, mais il est bien connu de tous. Si l'on ne donne pas de nourriture aux pigeons, ou si on leur en offre peu, ils ne se reproduisent pas et leur population se régule naturellement. Mais parce qu'on fait tout et n'importe quoi, en toute « méconnaissance de cause », les pigeons, en surpopulation, constituent aujourd'hui un véritable « problème des villes ».

L'homme crée les problèmes auxquels il se retrouve lui-même confronté. De plus, lui aussi prolifère d'une façon non plus algébrique, mais géométrique, c'est-à-dire exponentielle. Il ne reste plus un centimètre carré sur le globe, ou presque, qui ne soit sous sa domination ! On est en train de tout saccager et l'on est tellement inconscients qu'on détruit tout ce qui est beau : les forêts, les rivières, les lacs, les mers, les océans, les baleines, les panthères, les éléphants, les tigres, etc. Grâce aux satellites, on voit fondre les glaces et les neiges dans l'Arctique et l'Antarctique. Dans peu d'années, la mer de Glace sur notre mont Blanc risque de devenir une mer de boue...

Toutes les histoires que j'ai eu la chance de vivre avec les bêtes m'ont, à chaque fois, donné l'impression de me rapprocher un peu plus de ce qu'on pourrait appeler « la sagesse ». Elles m'éloignent parfois aussi des hommes. On sait que chaque espèce vit au détriment d'une ou de plusieurs autres, alors que l'homme, lui, vit au détriment de *toutes* les espèces : animales, végétales, et même humaine ! On mange tout ce qui bouge, et même ce qui ne bouge pas. On casse, on salit et l'on gâche tout ce qui nous entoure.

L'espèce humaine manque de responsabilité envers elle-même. Elle détériore l'écosystème et abuse du monde animal, dont elle s'approprie tous les espaces. L'explosion démographique à laquelle nous assistons depuis un siècle – avec une accélération notable lors de ces cinq dernières décennies – est une observation pertinente que j'ai fait remarquer en de nombreuses occasions. Mais j'avais l'impression que cela entrait dans une oreille et sortait par l'autre... A cause des progrès dans le domaine de la santé et de la procréation, la démographie ne semble plus du tout maîtrisée et, par conséquent, elle creuse l'immense fossé qui sépare les continents. Galopante en Afrique, en Asie et en Amérique du Sud, par exemple, elle représente un danger pour l'habitat des populations animales locales. L'exploitation des forêts diminue l'habitat des bêtes sur la Terre. Quant à la population maritime, elle est honteusement écumée – voire décimée – par les bateaux usines.

Il y a quelques années, j'avais conçu une émission télévisée que j'avais baptisée *Terre, Attention, Danger*. La philosophie de cette émission reposait sur le constat suivant : si, dans un territoire déterminé, une espèce prolifère exagérément, les autres sont obligées de céder la place. Se retrouvant seule, l'espèce qui s'est multipliée au détriment des autres ne peut survivre, parce que l'équilibre de l'écosystème est rompu et que la présence des autres est absolument vitale. N'oublions pas que la planète n'est qu'un grand enclos, où l'homme a vécu *avec* et *grâce* à toutes les espèces animales et végétales.

A la vitesse où nous allons, nous risquons bien de nous retrouver tout seuls, avec seulement nos poules et nos moutons... Que deviendra alors la vie sur Terre ? Elle sera sans doute encore possible, mais, en plus des problèmes sérieux qui se poseront pour la survie de l'homme – un prédateur ! –, elle risque d'être fort triste et sans intérêt. Il faudra craindre une sorte d'uniformisation, suivie d'ennui, de tristesse et probablement d'une dépression due à l'absence de but dans la vie. Comment ne pas penser alors aux rats de John B. Calhoun ?

Je me souviens de la première conférence de presse que j'avais donnée sur ce sujet. C'était en 1969, et il y avait une bonne vingtaine de lions derrière mon dos, dans le parc de Thoiry qui venait d'ouvrir ses portes. Déjà, à l'époque, je faisais part de mes inquiétudes concernant l'avenir de nombreuses espèces animales menacées de disparition par la faute de l'homme et de certaines de ses activités. J'évoquais les problèmes que nous sommes en train de vivre aujourd'hui. A présent, les médias nous rabâchent à longueur d'année l'extinction imminente d'une espèce animale...

Il est vrai que l'homme – *sapiens*, paraît-il... – a inventé une longue liste de belles choses qui ont amélioré l'existence d'un grand nombre d'entre nous. Mais il a acquis un tel pouvoir sur terre, sur mer et dans les airs, qu'il a fini par s'imposer au préjudice d'autres « habitants » qui nous ont beaucoup appris et qui, surtout, nous ont toujours aidés à vivre.

Moins l'homme sera en contact avec les animaux, moins il comprendra que sa vie est liée à la leur, et, en conséquence, moins il sera attentif à leur sauvegarde. Destiné à frapper les esprits, le générique de *Terre, Attention, Danger* l'énonçait déjà en 1991 : *« Par la faute de l'homme, de nombreuses espèces animales sont menacées de disparition. Si l'on n'y prend garde, un jour, c'est l'homme qui disparaîtra. »*

2

A la vitesse des chevaux

Pendant la seconde moitié du XXe siècle, l'accélération de ce que nous appelons « le progrès » ne s'est pas toujours accompagnée d'une prise de conscience nécessaire à sa totale maîtrise. Et les choses n'ont fait qu'empirer au fil du temps. Je pense particulièrement aux moyens de transport, qui ont pris une place phénoménale dans notre vie quotidienne. Depuis des millénaires, le cheval représentait le principal moyen de locomotion et de transport, aussi bien au service de l'agriculture que de l'industrie. Au XIXe siècle, est apparue la machine à vapeur, mais elle n'a pas réussi à détrôner vraiment le cheval. C'est le moteur à explosion qui a tout changé.

Le pétrole a « tué » le cheval. Son apparition, principalement depuis la fin de la guerre de 1939-1945, a accéléré et diversifié les transports, et sa suprématie a bouleversé l'ensemble de la société humaine. Il a entraîné dans son sillage pratiquement toutes les espèces animales. Le cheval a perdu sa place. D'ailleurs, l'utilisation du moteur à explosion n'a pas éliminé que les chevaux, elle a évincé la plupart des « moteurs » animaux, comme les ânes, les mulets (les hybrides), les bovidés, etc.

L'homme est, encore une fois, à clouer au pilori. La vitesse à laquelle les choses avancent me donne parfois le tournis. Je ne peux m'empêcher de penser qu'on est dans une fuite en avant – un sprint insensé – qui nous pousse à aller toujours plus vite et plus loin vers... je ne sais où ! Vers notre perte, sans doute, si nous ne nous préoccupons que de savoir qui arrivera le premier et si nous contournons les obstacles plutôt que de les affronter.

Dans les années 80, j'avais opéré un cheval qui souffrait du pied, ce qui était particulièrement handicapant car, *lui*, il sautait les obstacles. Il avait fait un faux pas et s'était mis à boiter. Inutile de dire que sa maîtresse, qui pratiquait le jumping, était très inquiète pour l'avenir de l'animal. Comme elle habitait Compiègne, dans l'Oise, elle était allée consulter des vétérinaires de la région, spécialistes en équine. Ceux-ci lui avaient conseillé de pratiquer une névrectomie, ce qui aurait supprimé la douleur. Comme suite à cela, restaient deux possibilités : mettre son cheval au pré ou le conduire à l'abattoir... Les vétérinaires avaient fait une radiographie du pied et diagnostiqué une fracture de l'os naviculaire. Leurs propositions étaient donc parfaitement justifiées.

Le naviculaire est un petit os ellipsoïde, situé à l'arrière du sabot. Il a une position plus ou moins horizontale entre les deux extrémités postérieures du sabot et se trouve au-dessus de la fourchette, qui est la plante du pied, et le plancher du sabot. Cette lésion compromettait gravement l'avenir du cheval. Les solutions préconisées ne satisfaisaient pas la jeune femme. Elle était donc venue me consulter, avec les radiographies et sans le cheval. Je lui avais proposé une opération de chirurgie orthopédique.

Après m'être entendu avec mon ami et confrère Francis Desbrosses, spécialiste en équine, j'avais demandé à ma cliente de mener son cheval chez lui. Son installation nous permettait, en effet, d'effectuer notre intervention chirurgicale dans d'excellentes conditions d'asepsie et, bien entendu, sous anesthésie générale. Notons que l'anesthésie générale du cheval, dans des conditions de sécurité comparables à celles de l'homme ou des carnivores familiers comme le chien et le chat, ne se pratiquait, à l'époque, que depuis peu d'années.

Il est vrai que ce n'est pas une chose facile : il faut d'abord injecter un tranquillisant au cheval qui, évidemment, manifeste des signes d'inquiétude et de nervosité, car il sent bien qu'il se passe quelque chose d'anormal autour de lui. On le place le long d'une paroi capitonnée, que l'on met ensuite à l'horizontale, une fois le cathéter posé et l'anesthésique intraveineux perfusé. Le « patient » est attaché convenablement et l'on introduit un tube dans sa trachée afin de pouvoir le ventiler et relayer le barbiturique intraveineux, qui s'élimine progressivement par de l'oxygène véhiculant un gaz anesthésiant. Cette méthode a l'avantage de pouvoir se doser à la demande, et, surtout, de décider du réveil au moment voulu et dans les meilleures conditions possibles.

J'entre volontairement dans les détails, pour que l'on se rende bien compte de la difficulté d'un tel acte quand il s'agit d'un cheval. J'ai eu d'autres expériences avec des animaux encore plus imposants : des hippopotames, des girafes, des éléphants. Les problèmes posés étaient différents, compliqués également, mais résolus plus aisément que chez les chevaux.

Notre opération avait consisté à fixer provisoirement un clou fin, planté dans la paroi latérale du sabot, afin de repérer radiologiquement la place exacte de l'os naviculaire. Ensuite, après une désinfection aussi parfaite que possible, on avait trépané le sabot. On avait fait une ouverture circulaire de deux centimètres environ, ce qui nous avait permis de percer un trou, avec un instrument stérile, bien sûr, qui traversait les deux morceaux fracturés, et de tarauder la partie distale. En plaçant une vis de traction, on avait pu comprimer les deux morceaux et immobiliser l'os fracturé. On avait remis en place la pièce circulaire du sabot trépané, en la fixant avec des agrafes et un pansement, pour protéger le site chirurgical. Notre patient avait aussitôt été remis debout.

Après quelques semaines de convalescence, le cheval avait retrouvé son état normal et il avait repris la compétition. Il avait même remporté deux victoires au Salon du Cheval ! Il est probable que cette intervention chirurgicale fut pratiquée pour la première fois. Je n'avais jamais entendu parler d'une opération similaire, ni lu quoi que ce fût à ce sujet. D'ailleurs, Francis Desbrosses l'avait présentée lors d'une réunion à l'Académie vétérinaire.

J'ai vécu des histoires extraordinaires avec les chevaux. Ils m'ont appris le métier, si j'ose dire. En 1948, alors que je n'étais que stagiaire, j'ai fait quatre cent huit chevaux à coliques pendant l'année ! Lorsqu'il a des coliques, le cheval souffre énormément, il se met à transpirer et ses boyaux se tordent. Les problèmes gastro-intestinaux sont des affections extrêmement fréquentes des équins. Ils en meurent souvent.

J'ai même opéré un cheval, au Lido, sur les Champs-Elysées ! Il s'était coupé une artère près du boulet, en galopant sur un tapis roulant placé sur scène. Cela faisait partie de son numéro et je peux dire qu'il s'en était bien tiré ! Je suis intervenu aussi au Moulin-Rouge et au théâtre du Châtelet, pour des chevaux participant à divers shows.

Les chevaux m'ont accompagné dès le début de mon activité et ils ne m'ont plus quitté. Ils sont comme un lien entre tous les univers que j'ai traversés : du monde du spectacle au cirque, en passant par le zoo, ils étaient là et j'étais là pour eux. Ils m'ont « suivi » de la campagne à la ville, aussi...

A la fin des années 50, quand j'ai débuté mon exercice de praticien dans le XVIIe arrondissement de Paris, j'ai eu l'occasion de soigner des chevaux de trait. Ils distribuaient du charbon, du vin et autres boissons, en livrant les bougnats, entre autres. Les charges étaient lourdes et les routes n'étaient pas encore toutes goudronnées. Le crapaud, une sorte d'eczéma du pied, dû à la fatigue et à l'humidité excessive, était monnaie courante. C'était difficile à traiter avec efficacité, mais on y arrivait quand même. Je soignais aussi des vaches à Clichy, où il y avait encore deux étables avec soixante à quatre-vingts bêtes. C'étaient des établissements de nourrisseurs.

A l'époque, à Paris, la seule autoroute existante partait du pont de Saint-Cloud, en direction de Rambouillet, mais elle s'arrêtait avant Trappes. Une partie traversait la forêt de Marly, en direction de Poissy. Lorsqu'on roulait sur les nationales, on pouvait voir des troupeaux de vaches, de moutons et autres. Les élevages dans les fermes étaient de dimension familiale. L'élevage industriel n'existait pas, ou si peu, qu'on n'en parlait pas encore. La volaille se promenait en liberté, les porcs étaient nourris avec les déchets des cuisines ou des restaurants alentour : épluchures de pommes de terre, légumes crus, pain rassis, etc. Les chiens étaient à la même enseigne pour ce qui est de l'alimentation, mais eux vivaient attachés et n'avaient pas encore droit à un bain. Je n'exagère pas si je dis qu'ils souffraient de tous les maux ! Quant aux chats, les gamins s'amusaient quelquefois à les jeter contre les murs...

Avec le remembrement, les haies ont disparu, et le bétail aussi. Il me semble que nous pourrions y adjoindre le problème de l'eau dans les nappes phréatiques. Les machines agricoles se sont imposées et les exploitations industrialisées. Les chevaux ont perdu la place qu'ils occupaient jusqu'alors et les campagnes ont été désertées, même par les oiseaux ! Depuis la fin de l'épizootie de rage, les renards, particulièrement malins, ont compris que nos poubelles offraient un ravitaillement abordable. Il leur arrive de faire leurs petits au pied des panneaux publicitaires... Quant aux pigeons, ils sont aussi attirés de plus en plus par les villes.

La migration des populations rurales vers les agglomérations urbaines a provoqué un bouleversement dans tous les domaines, ainsi qu'un changement de mentalités. Il y a soixante ans, les ruraux représentaient plus de 80 % de la population française. Ils ne sont aujourd'hui qu'environ 10 %. Nombre d'entre eux ont une façon de vivre et de penser proche de celle des citadins : ils se déplacent en automobile, voyagent dans le monde entier, n'ont plus la TSF mais la télévision pour se tenir informés, profitent des week-ends pour se balader en famille, vont régulièrement au cinéma et aiment danser, comme toujours ! Tandis que, de leur côté, les gens de la ville se ruent chaque week-end sur les routes pour retrouver instinctivement un passé perdu, alors que c'est soi-disant pour s'aérer à la campagne...

« Labourage et pâturage sont les deux mamelles de la France » a toujours été notre devise fondamentale. Cette devise a subi une transformation copieuse. La mécanisation de l'agroalimentaire a provoqué la disparition des fermes de dimension familiale. Elles sont devenues de véritables entreprises industrialisées. L'acquisition de machines agricoles a réduit considérablement la main-d'œuvre, autrefois fournie par les familles nombreuses. Le nombre était alors une nécessité vitale. Je me souviens de Mario, un métayer que j'ai côtoyé à mes débuts. Il était issu d'une famille de vingt-quatre enfants, nés de la même mère ! Pendant les fêtes de Noël, ils étaient une centaine à se réunir autour de la table. Il m'est arrivé d'avoir la joie d'être parmi eux. C'était merveilleux ! Dans les fermes, les ouvriers agricoles étaient souvent des immigrés ou des gens isolés. Ils étaient généralement indispensables. Tant qu'il y avait des bêtes à la ferme, il n'y avait ni dimanche, ni vacances, ni jours fériés...

Les bêtes avaient une valeur primordiale, car elles permettaient de se nourrir, et donc de vivre. Elles représentaient un capital. D'ailleurs, à l'époque, on faisait soigner plus facilement une vache que la femme ! C'est difficile à comprendre, et même à entendre aujourd'hui, mais c'est vrai. Ce n'était évidemment pas par amour de la bête – même s'il y avait quand même, d'une façon subconsciente, un lien affectif –, mais pour sa valeur matérielle.

La modernisation des machines agricoles et l'attrait de la ville ont disloqué les familles d'agriculteurs. Ces changements, dus au progrès, ont aussi favorisé les attitudes dites « de masse ». En trois décennies, les banlieues sont devenues extensibles, et les terres agricoles constructibles.

Quand je vois ces cages à lapins – plus de dix étages – pousser comme des champignons, je ne peux m'empêcher de penser à *Ravages*, le roman de Barjavel. L'auteur avait imaginé ce qui, à l'extrême, pourrait devenir notre réalité. Il décrit une France entièrement bâtie. Plus un champ n'existe ! Il n'y a plus de place nulle part, même pour les cimetières... Comme la population ne cesse d'augmenter, on construit en hauteur. On finit aussi par faire « le culte des ancêtres », qui consiste à diminuer le volume des individus morts tout en gardant leur physionomie : chaque famille a dans son logement une pièce réfrigérée, destinée à conserver les ancêtres « à la bonne température ». En raison du manque total d'espace, les gens se déplacent surtout à la verticale. Tout le monde s'adapte tant bien que mal. Soudain, se produit un phénomène inattendu, qui va tout bouleverser : du jour au lendemain, l'électricité disparaît. Il devient alors impossible de s'éclairer, de se chauffer, de réfrigérer, de se déplacer. Tout s'arrête, tout pourrit, tout se détruit et tout meurt. Finalement, deux individus s'en vont dans le sud-est de la France. Là-bas, se trouve encore un cheval. C'est à partir de ce cheval que la vie renaît...

Je pourrais aussi évoquer *Le Meilleur des mondes* d'Aldous Huxley, écrit en 1932. Ce livre donne une vision futuriste de l'évolution de la société humaine, totalement imaginaire, qui apparaît aujourd'hui presque réaliste, sinon réalisable. Mais mon objectif n'est pas de noircir le tableau d'un avenir hypothétique ni de tomber dans les affres d'une nostalgie passéiste. Je veux pouvoir me concentrer sur le présent, qui est le miroir de nos progrès et celui de nos erreurs. Et que vois-je autour de moi ? Une immense solitude.

Depuis quarante ans, la solitude – surtout dans nos cités – n'a cessé de croître. Cela peut paraître paradoxal, mais il suffit d'observer les êtres que l'on croise dans la rue, dans le métro ou dans le train, pour en être convaincu. Au milieu de la foule, tout le monde se regarde – pire que des animaux dans la jungle – et personne ne communique, ou si peu. On se bouscule en s'excusant du bout des dents – quand on s'excuse ! –, on se bat pour une place assise, on s'insulte parfois. L'agressivité est présente partout. Les automobilistes en sont un piètre exemple : agrippés au volant de leurs véhicules, ils s'imaginent conduire des tanks ! Ils doublent, klaxonnent, s'énervent : ils se comportent « sauvagement ». Les deux-roues sont aussi les rois de l'incivilité. C'est tout juste si on respecte la petite amie assise à l'arrière, uniquement pour fanfaronner, quitte à mettre sa peau en danger !

On est loin des ambiances chaleureuses des exploitations familiales d'antan. Je me surprends à rêver à l'accueil des fermiers dont je soignais les bêtes. On m'offrait alors un morceau de pain avec un peu de « terrine maison », qui n'avait rien à voir avec nos charcuteries industrielles. Je goûtais le vin qu'eux-mêmes avaient produit. *« Vivre en France comme Dieu au ciel »*, disaient les Allemands. C'était une vérité. Les liens ancestraux sont comme les belles bêtes : en voie de disparition.

La solitude qui règne aujourd'hui dans les agglomérations modernes est à l'origine de maux sociaux particulièrement graves : rupture des liens familiaux, apparition d'une certaine antinomie entre les générations, exacerbation de l'égoïsme, etc. On assiste à un phénomène d'individualisation très poussé et très inquiétant. L'instabilité des couples se développe exponentiellement. Les lendemains deviennent incertains et les ambitions, fondées sur l'avenir, indiscernables. On constate une augmentation du nombre des suicides – et de leurs tentatives –, sans parler de celui des drogues et des drogués. C'est comme si on bâtissait l'avenir sur du sable en omettant de consolider les fondations.

Je décris là le côté sombre des choses, même si je suis conscient de l'existence de l'autre versant, qu'incarnent notamment les progrès scientifiques extraordinaires réalisés au cours de ces dernières décennies. Sans eux, je n'aurais certainement pas pu vivre de cette manière, au contact des bêtes, et, à travers elles, approcher une certaine vérité. C'est en partie grâce aux progrès de la médecine que j'ai pu aider les animaux et leur donner la place qui leur revient. J'ai même eu, parfois, le sentiment d'accomplir des miracles ou d'avoir eu beaucoup de chance... La clinique à Beaugrenelle, par exemple, construite en 1979-1980, fait partie des rêves que j'ai pu réaliser grâce aux avancées scientifiques et technologiques de notre époque. J'y ai soigné, dans des conditions exceptionnelles, une multitude d'animaux : des chiens et des chats, mais aussi des lions, des crocodiles, des tigres, des singes, des perroquets et, bien sûr, des chevaux ! L'histoire qui suit, celle d'un poulain, en est une illustration.

Ce poulain, alors âgé de seize mois, déjà assez grand, souffrait d'une fracture du canon, un os long des membres du cheval. Dans son cas, il s'agissait d'un membre antérieur. L'opération est extrêmement délicate, car l'os est très étroitement recouvert par la peau. Il n'y a pas de muscles dans cette partie du membre. Derrière, il y a les tendons, le groupe vasculo-nerveux, l'artère, la veine et les nerfs. Il faut savoir que la majorité du poids de l'animal – sa tête, son encolure, son thorax – repose sur ses antérieurs. Rappelons qu'un cheval pèse trois ou quatre cents kilos... Pour que la réparation de la fracture s'effectue par la suite, il faut ce que j'appellerai du « ravitaillement », c'est-à-dire des vaisseaux véhiculant les molécules qui permettront à la fracture de se souder, tout en évitant l'apparition d'un cal important, sinon le cheval aura mal et il boitera.

Il m'avait fallu tout d'abord me procurer une plaque pour chirurgie orthopédique, longue et solide, résistante mais pas trop épaisse. Après avoir contacté tous les fournisseurs de matériel possibles et essuyé des échecs, j'avais réussi à en « dégoter » une dans les réserves de l'établissement américain Zimmer, qui se trouvait dans une lointaine banlieue parisienne. Elle était idéale, avec ses trente-trois centimètres et ses trous en quinconce ! Ensuite, j'avais dû installer un grand plateau en bois sur l'une des tables d'opération, toutes étant trop petites pour un cheval. Pour le réveil, il avait fallu que je tapisse toute une pièce voisine avec une mousse épaisse. Je ne voulais pas que le poulain, trop agité, se blesse, car un cheval au réveil d'anesthésie remue beaucoup et se tape la tête contre les murs et sur le sol.

On avait anesthésié le poulain, on avait réduit la fracture et posé cette plaque à compression dynamique, selon la méthode de l'ostéosynthèse suisse. L'opération avait duré sept heures et vingt minutes. Cette chirurgie est vraiment délicate, car pour trouver le moyen d'enterrer la plaque on se sert de l'élasticité de la peau. Elle doit recouvrir le site opératoire d'une manière étanche, mais les points de suture peuvent tirer et la peau peut se déchirer. Cela coupe en grande partie la circulation sanguine. J'avais opéré le poulain un 13 août, dans une ville alors désertée par les vacanciers.

J'avais l'impression de tenter l'impossible : insuffisance cutanée, absence de muscle, impossibilité de ravitaillement par voie sanguine, tout convergeait pour rendre les chances de réparation de l'os infimes, voire quasi nulles. Les conditions étaient réunies pour abattre un cheval sur le champ de course... En effet, les fractures distales des membres sont chirurgicalement réparables, mais, comme on vient de le dire, les os longs sont étroitement recouverts par de la peau. En dehors des tendons sur les faces postérieures des membres et du groupe vasculo-nerveux, il n'y a pas de musculature. Et dès que l'on fixe une plaque – avec des vis, bien entendu –, il n'y a pas suffisamment de peau pour recouvrir et, surtout, il n'y a pas assez de vaisseaux sanguins pour fournir le ravitaillement dont on parlait plus haut. Or ces membres sont d'une importance vitale pour les équins. Ces derniers passent la plupart de leur existence debout, et il n'est pas question de les garder alités ! En position couchée, ils seraient incapables de se nourrir et encore plus d'évacuer... En outre, les plaques, avec lesquelles on veut immobiliser les parties fracturées, doivent être résistantes et avoir une certaine épaisseur, eu égard au poids de l'animal en mouvement. Comme on le voit, cela pose un grand nombre de problèmes ! Enfin, il ne faut pas négliger non plus la valeur financière d'un cheval de course et les incidences liées aux contrats d'assurance...

L'opération s'était heureusement bien déroulée et notre patient, que je n'avais pas pu hospitaliser, était reparti peu après sur ses quatre membres.

Aujourd'hui, je suis partagé entre l'envie de dire qu'il faut encore avancer, aller plus loin, chercher, progresser, et l'envie de dire : stop ! attention à ne pas mettre les pieds où il ne faut pas, à ne pas dépasser les limites, ou, plus exactement, à ne pas oublier de toujours contrôler la situation. Le monde moderne, tel qu'il est et tel que nous le faisons, m'amène à douter de sa capacité à *grandir* sagement. Sous nos pas, le sol est comme un pavé mosaïque, fait de carrés noirs et blancs. J'ai l'impression qu'aujourd'hui nous avons perdu l'équilibre, et que le côté négatif des « progrès » risque de prendre le dessus sur leur aspect positif.

La solitude qui règne dans les villes est révélatrice d'un malaise certain. La place que l'on fait aux bêtes aussi : d'un côté, on les raye de la carte du monde en prenant leur place, leur espace et même leur oxygène. De l'autre, on se les approprie, en quelque sorte, en leur demandant implicitement de combler nos manques et, d'une certaine manière, de remplacer l'irremplaçable : je veux parler de l'affection et du contact.

3

Nos animaux de famille

Dans notre pathologie sociale, l'animal est devenu le remède qui s'est introduit inconsciemment, instinctivement ou, mieux, subrepticement – en tout cas sans intention préalable – durant ces dernières décennies. C'est au cours des années 60 que l'expression « animal de compagnie » est apparue. Elle donne une autre dimension à l'appellation « animaux domestiques » usitée jusqu'alors. Ces animaux vivent près de nous, ils nous tiennent compagnie et font souvent partie de la famille – c'est d'ailleurs la raison pour laquelle je préfère les appeler « animaux de famille » ou « animaux familiers ». Ils sont domestiques, mais ne sont pas, *a priori*, destinés à la consommation, comme les animaux de la ferme, tout au moins dans nos pays occidentaux. Ils font surtout l'objet de toute notre affection.

Ces expressions nouvelles dénotent une nette évolution des mentalités dans toutes les couches sociales, des plus simples au président de la République, en passant par les chasseurs. Par exemple, l'épagneul breton, qui n'était qu'un chien de chasse, s'est mis à accompagner le chasseur citadin dans sa vie de tous les jours – en voiture, en ville, dans son appartement. Il est devenu un véritable compagnon. Dans les années 70 et jusqu'aux années 80, l'épagneul breton était très populaire en France. Il y avait aussi une grande série d'autres chiens de chasse, de race française, continentale ou en provenance des îles Britanniques, qui menaient la même vie.

Depuis peu, c'est le labrador qui est « à la mode », oserai-je dire. Comme son nom l'indique, le labrador est originaire des côtes orientales du Canada. Il est connu depuis l'époque où les grands voiliers ne pouvaient accoster et restaient en rade. Muni de doigts palmés, le labrador portait dans sa bouche le filin à terre, en nageant. D'où ses qualités reconnues de *retriever*, c'est-à-dire de « rapporteur de filin ». Depuis quelques années, il est devenu extrêmement populaire, non seulement parmi les chasseurs, mais aussi auprès du public tous azimuts, car c'est un chien très bon enfant. Le labrador ne connaît l'agressivité qu'exceptionnellement et il se révèle un excellent compagnon de jeux pour les enfants. C'est un formidable chien de famille, dont les qualités sont d'ailleurs exploitées, depuis longtemps, en tant que chien guide pour aveugles et autres handicapés. J'en parlerai plus loin. Numériquement, le labrador a supplanté bien d'autres races et variétés de chiens de chasse et de compagnie.

En France, jusqu'à il y a peu de temps, comme dans la plupart des pays occidentaux, le chien est l'animal familier numéro un, en quantité et en qualité. Puis vient le chat qui a longtemps été méconnu. Par exemple, le chat noir a toujours eu une connotation négative dans l'imaginaire collectif, attaché aux superstitions. Comme les oiseaux de mauvais présage, il porterait malheur... Le chat a aussi souvent été mal vu en milieu rural, car il était considéré comme le « concurrent » des chasseurs. En ville, les chats étaient nombreux dans les terrains vagues, les cimetières, les parcs publics et les caves. « Sauvages », ils vivaient entre les habitations, pas à l'intérieur. Mais au cours de ces trente dernières années, le chat s'est introduit, sans faire de bruit ni de vagues, dans les maisons. Presque clandestinement, il s'est immiscé dans le quotidien de nombre d'entre nous. On a appris à le connaître et à le reconnaître. On sait que le chat peut rester seul et qu'il est propre par définition. Très indépendant, il est « en phase », peut-on dire, avec la vie moderne, qu'il ne complique ni ne surcharge. Aujourd'hui, les chats sont aussi nombreux que les chiens et leur nombre, toujours en progression, s'élève à 7 ou 8 millions en France.

On notera que, depuis une quinzaine d'années, la gamme des animaux familiers s'est élargie : dans les livres destinés aux professionnels du monde animal, on parle maintenant des « NAC », les « Nouveaux animaux de compagnie ». Ce sont les hamsters, les lapins, les furets, les tortues, les serpents, les lézards, et tout un tas de bestioles diverses et variées...

N'ayant pas totalement perdu nos instincts ancestraux, nous nous raccrochons – à juste titre – à ces petites bêtes, comme s'il s'agissait des seules branches solides de l'arbre que nous scions tous les jours. Les chiens et les chats, en particulier, sont les gardiens du peu d'altruisme qui reste dans nos esprits et dans nos comportements. J'irai même jusqu'à dire qu'ils nous renvoient la bonté d'« âme », que l'on perd un peu plus à chaque instant. Lorsqu'il y avait encore un peu d'âme, il y avait encore un peu de bonté et de civilisation, mais, de nouveau, quand je regarde autour de moi, je ne suis pas sûr que l'on puisse prétendre être civil, aujourd'hui, dans nos cités. D'ailleurs, où sont passés les cours de morale civique autrefois dispensés dans les écoles ? De mon temps, ils existaient et ils étaient même obligatoires mais on les a supprimés, sans doute parce qu'on les jugeait inutiles... Quelle erreur !

Nous sommes dans une civilisation pétrolière, où l'égoïsme exacerbé est devenu aussi puissant que les moteurs à réaction qui ont permis de faire décoller l'A380 ! Et qu'est-ce qui constitue aujourd'hui le seul frein à cet égoïsme poussé à son paroxysme ? Ce sont les bêtes, bien sûr ! Autrefois, on voyait beaucoup de personnes âgées se déplacer dans les rues avec un animal en laisse. Les chiens grandissaient plutôt dans le monde des papys et des mamies. Il s'agissait surtout de veufs et de veuves, sans enfants à charge, ceux-ci ayant tous atteint l'âge de quitter le nid. Il ne restait à ces humains vieillissants que la compagnie d'une bête pour les aider à se maintenir « en état de marche ».

Le contact, la présence, la caresse sont des éléments fondamentaux dans la vie. L'animal accompagne, écoute, donne et reçoit. Il comble les demandes d'attention des uns et les manques affectifs des autres. Il est un bâton de maréchal dont on peut avoir besoin à tout moment de son existence, surtout quand on est seul et qu'on arrive doucement au bout du chemin. Il peut devenir un but, aussi. On l'a compris, avec le temps.

Nos animaux de famille ont un rôle, une fonction, une mission même, qui est de peupler nos déserts affectifs et de contrebalancer le poids de nos erreurs et de nos absurdités. Ils insufflent en nous la vie dans ce qu'elle a d'essentiel. On parle à notre chien ou à notre chat, et il tend l'oreille. Il réagit au son familier de notre voix. Il ne nous contredit pas – encore que ? – et participe, à sa façon, à la discussion par une approche, un frôlement, un regard ou un mouvement de la queue. Claude Darget, qui, dans les années 60 présentait à la télévision une émission animalière produite par Frédéric Rossif, s'amusait à raconter que son chien était l'arbitre des disputes coutumières qu'il avait avec son épouse. Le chien allait de l'un à l'autre et il finissait toujours par prendre parti, en s'asseyant au pied de celui qui, d'après lui, avait raison. Ils ont fini par admettre l'arbitrage de leur chien, un fox à poil dur... C'était sans doute une manière de donner son avis et de *prendre position*, au sens propre du terme.

L'animal de famille nous apporte, en général, toute son attention et toute son affection. On dit aussi qu'il est fidèle. Autant de qualités que l'on ne trouve plus que rarement chez les êtres humains.

Nous avons tous un besoin incommensurable d'amour, même si nous ne l'avouons pas toujours. Et le sens du toucher y a une part importante : il suffit d'observer les visiteurs dans les zoos ou les spectateurs dans les cirques pour le savoir : 98 % ou 99 % d'entre eux crèvent d'envie de caresser un lion, une panthère, un éléphant ou une girafe ! C'est ce contact qui est aujourd'hui absent de tous nos moyens dits « de communication » : le téléphone portable, le mail, etc. On se parle, on se voit rire et même pleurer, mais on ne se touche pas. On a l'illusion d'être proches, alors qu'en réalité on est loin les uns des autres. Sans le contact direct, la communication reste superficielle, voire inexistante.

En Amérique, lorsqu'on vous présente quelqu'un, la plupart du temps on ne se serre même pas la main. Quant au baiser, il reste assez exceptionnel, surtout lors d'une première rencontre ! Même les couples ne s'embrassaient qu'une seule fois sur la joue, avant, mais cette réalité est en train d'évoluer, je crois... Au Japon, on se courbe pour se saluer. En France et en Europe, on a tendance à se serrer la main quand on se voit pour la première fois. Ou à s'embrasser, comme le font beaucoup les adolescents qui sont à un âge où l'on aime se retrouver entre amis et où l'on cherche particulièrement le contact. C'est une façon de se reconnaître parmi ses semblables, et certainement de se sentir moins seuls face au monde des adultes... A la campagne, on s'embrasse souvent quatre fois, trois fois dans le midi de la France. En ville, c'est traditionnellement deux fois, mais on tend à en rajouter à l'heure actuelle et à s'embrasser quatre fois aussi... Est-ce la manifestation d'un manque affectif, et donc d'un besoin de contacts supplémentaires ? Je ne sais pas, mais il me paraît intéressant de le relever. Ces différentes habitudes, locorégionales ou bien pratiquées dans certains milieux, dérivent probablement de réflexes conditionnés.

Pendant trente ou quarante ans, j'ai emmené des animaux de toutes les espèces sur les plateaux de télévision, pour les émissions auxquelles j'ai participé : des tigres, des éléphants, des chameaux, des sangliers, des gorilles, des panthères, des chimpanzés, des ours. Il y avait toujours foule autour d'eux ! Presque tout le personnel descendait des bureaux et quittait son poste de travail, à un moment donné, pour essayer de les toucher. C'était encore ce besoin instinctif du contact qui était le stimulus de base. Il est vrai que pouvoir caresser un fauve donne une sensation extrême. Le seul animal que personne n'osait toucher était le loup. L'aigle royal aussi, faisait peur.

Le contact est vital et, si on l'oublie parfois, les bêtes sont là pour nous le rappeler. Quand on rencontre une personne – homme ou femme – pour la première fois, on la *touche* d'une manière ou d'une autre. Tant qu'on ne lui a pas serré la main ou qu'on ne l'a pas embrassée, on n'a pas fait sa connaissance. Cette communication affective qui passe par le contact peut se révéler positive ou négative, elle peut engendrer de la sympathie ou de l'antipathie, mais elle fait partie de la vie. C'est la raison pour laquelle les bêtes qui partagent notre quotidien ont un rôle social fondamental. On est parfois tellement attaché à notre chien, à notre chat ou autre animal, que l'on ne peut supporter l'idée de le voir mourir avant nous ! C'est pourtant ce qui arrive logiquement. Certains le remplacent aussitôt, d'autres ont besoin de temps. Quand notre bête est malade, on est capable d'abattre des montagnes pour la voir guérir. C'est comme si l'instinct de survie de l'animal était communicatif, comme si toutes les énergies convergeaient vers un désir unanime de l'en sortir, et cela marche parfois, comme en témoigne l'histoire qui suit.

Un ami dentiste, Pierre Huth, avait un yorkshire terrier. Le petit chien était âgé de seize ans et il souffrait d'une tumeur importante, particulièrement volumineuse, au thorax. Habituellement, ce n'était pas moi son vétérinaire, mais l'ami en question était venu me consulter, car Françoise, son épouse, et lui ne voulaient pas entendre parler d'une possible euthanasie. Je lui avais donc proposé d'opérer le chien, en restant toutefois très réservé sur ses chances de s'en tirer. En effet, les probabilités qu'il reste définitivement sur la table d'opération étaient grandes. Cela aurait été une manière de mourir au combat...

Avant d'accepter, il avait téléphoné à son ami Elie Wiesel, qui habitait New York, pour lui demander son avis. Ce dernier lui avait répondu que, si c'était moi qui intervenais, il pouvait y aller sans problème ! Je précise qu'Elie Wiesel est originaire du même patelin que moi, dans les Carpates. C'est un détail qui crée sans aucun doute des liens. Malgré tout, Pierre continuait à hésiter, en raison de son attachement, ainsi que Françoise. Après avoir effectué une radiographie du thorax à mon cabinet, il était revenu pour en reparler encore, accompagné de Roger Vadim, son ami.

Nous avions enfin décidé d'intervenir. L'opération donnait une chance au yorkshire, tout au moins elle devait lui permettre de survivre quelque temps. Même si cette chance était infime, il fallait la saisir. C'est comme cela que je vois les choses encore aujourd'hui. J'avais confortablement anesthésié le petit chien et j'avais procédé à la résection de la majorité des côtes antérieures droites de son thorax. J'avais pratiqué l'ablation d'une tumeur énorme par rapport à sa taille, car le york ne pesait que quelques kilos. J'avais réussi à refermer le thorax, de manière à lui permettre de respirer sans trop de gêne, et sans qu'il y eût de lésion majeure sur le site. Le chien avait été sauvé, mais, un an après, la tumeur était réapparue presque au même endroit. Une nouvelle intervention fut tentée, chirurgicalement réussie, et il avait survécu encore quelque temps. Il avait une force de vie incroyable, malgré le grand « vide » qu'avait creusé l'ablation de 30 % environ du volume thoracique dans le côté droit de son petit corps.

Il est décédé par insuffisance rénale, statistiquement habituelle chez l'espèce canine. Cette intervention avait tout de même contribué à lui accorder plus d'une année de vie supplémentaire.

Comme le montre cette histoire, les bêtes ont tendance, aujourd'hui, à prendre une place considérable dans notre vie et j'ajouterai même dans notre cœur. Quand j'ai commencé à exercer, elles n'avaient pas la même importance dans la société civile et familiale. Les gens avaient un animal, mais ils ne s'en occupaient pas vraiment. Lorsqu'il était malade, ils n'y faisaient guère attention et ne lui apportaient pas grand soin. C'était ainsi, dans ces temps-là. On emmenait généralement une bête chez le vétérinaire pour la faire piquer. Comme les vétérinaires n'avaient pas encore l'habitude de faire des intraveineuses, ils piquaient la bête dans le ventre, le thorax ou le cœur, avec de la strychnine. Mais, même par voie intraveineuse, la strychnine donnait une impression de souffrance et la méthode a été abandonnée depuis. En fait, l'action de cette molécule sur le système nerveux provoquait des agitations, des tremblements, des soubresauts, mais probablement pas de douleurs. Dans ces années-là, on piquait aussi l'animal avec du chlorure de magnésium, par voie intraveineuse. Par la suite, on a commencé à utiliser des barbituriques, à doses concentrées. En somme, il s'agissait d'anesthésies à doses excessives, sans douleurs, sans souffrances, et sans réveil...

Il faut toujours replacer les choses dans leur contexte. Dans les années 50, il y avait encore ce qu'on appelait la

« boîte à castration » des chats. C'était une boîte en bois, dans laquelle on enfermait le chat. On sortait sa queue et ses testicules et l'on procédait à l'ablation, sans anesthésie. Je n'ai jamais castré un chat de cette façon, à vif. J'ai toujours opté pour l'anesthésie générale, même au début de mon installation. Pourtant, les anesthésiques pour chats, à injecter sous la peau, n'existaient pas. Il fallait faire une intraveineuse et trouver la veine d'un chat n'était pas évident pour tout le monde ! On n'apprenait pas cela à l'école vétérinaire, mais, je ne saurais dire pourquoi, cela ne m'a jamais posé de problèmes. J'ai même montré cette technique dans le service du Pr Mollaret, qui effectuait des recherches concernant la maladie des griffes du chat, la lymphoréticulose bénigne d'inoculation dont on ne connaissait pas encore l'agent infectant, à l'Institut Pasteur.

Dans ces années-là, on n'utilisait pas le mot « euthanasie ». On disait « piquer le chien ». A ce propos, j'avais un confrère, un garçon d'une grande valeur, à qui il était arrivé l'aventure – ou plutôt la mésaventure – suivante : un jour, il avait été appelé au domicile d'un client, désireux de faire « piquer » son chien. Mon confrère s'y était rendu et il s'était trouvé face à un jeune chien, beau et vigoureux. Il avait bien sûr hésité et avait fait part de ses réticences au maître. Ce dernier avait alors lourdement insisté pour faire *piquer* le chien. Devant une telle détermination, le vétérinaire avait fini par obtempérer.

Dans ce cas particulier, « piquer le chien » signifiait... le vacciner ! Les gens ignoraient souvent ce terme et, à la campagne, on disait même « vachiner ». De nos jours, cela ne se reproduirait plus, car le langage parascientifique est mieux connu et plus justement employé par la plupart des gens. De plus, on n'euthanasie plus sans raison valable. Heureusement.

L'animal familier a conquis, sinon acquis, un espace au sein des familles, en particulier monoparentales. Il y remplace l'absent... Cependant, dans les familles « complètes » aussi, papa et souvent maman, pris dans les tourments de l'existence, étant relativement absents, les enfants, en déficit de tendresse, réclament instinctivement un animal. Ainsi, ils disposent d'un être vivant à aimer, à caresser et à embrasser. C'est excellent, et fort bénéfique pour tout le monde. On l'a constaté statistiquement sur une échelle assez large. En effet, le plus souvent, les parents opposent un refus à la demande émanant du premier-né. Une réticence fondée sur plusieurs motifs : charges diverses et manque du temps essentiel à consacrer à un animal. Cependant, ils plient souvent à la demande du second enfant, d'autant que ceux-ci promettent de s'en occuper. Tout compte fait, cela les arrange, puis ils finissent par « tomber dans le panneau », l'animal devenant alors le troisième de la lignée, tant sur le plan affectif qu'au niveau de l'emploi du temps. En effet, le chien veut que l'on s'occupe de lui : il faut sortir pour le promener, le faire jouer, le faire courir, lui acheter de la nourriture et la préparer une ou plusieurs fois par jour, l'emmener chez le vétérinaire pour les soins, les vaccinations et bobos divers... Les chats, eux, requièrent moins de temps, en général il n'y a pas de promenade en extérieur. Cependant, les obligations alimentaires, de présence et de soins restent équivalentes.

Nous sommes tous perturbés par la vie citadine aberrante et contre-nature, génératrice, entre autres, de maux aussi dramatiques que la solitude. La présence d'un animal auprès de nous rend l'existence plus douce et plus acceptable. Je sais, par expérience et par conviction, que l'équilibre de l'homme passe par son contact avec les bêtes. Lorsque nous les caressons, les animaux, qui accompagnent nos gestes et nos pensées, calment nos esprits ; ils diminuent notre anxiété, ralentissent les battements excessifs de notre cœur et abaissent la tension, la pression sanguine. Cela a été démontré et prouvé. Reconnaître ces évidences permettrait d'accepter plus facilement les coûts individuels et collectifs que représentent les animaux de la ville. C'est ce que j'ai tenté de faire comprendre aux personnes présentes à une réunion concernant la propreté à l'hôtel de ville de Paris. Il s'agissait, bien entendu, des déjections canines. En voulant mettre en avant l'action bénéfique des animaux, je m'étais permis de dire que personne ne pouvait prétendre être parfaitement normal, c'est-à-dire dépourvu d'un petit travers psychosomatique, aussi minime soit-il. Cela avait provoqué un tollé général, surtout parmi les participants favorables aux amendes et aux interdictions. Je voulais simplement dire que la « normalité absolue » était, à mes yeux, impossible à définir et que, de toute façon, elle n'était pas de ce monde. Il a été démontré que la présence d'un animal était une thérapie, tant à l'échelle individuelle que collective. En partant de là, on pouvait affirmer que ceux qui avaient des bêtes étaient des malades qui cherchaient à se soigner, et que ceux qui n'en avaient pas étaient aussi des malades, mais qui ne se soignaient pas... et pouvaient profiter des leçons et de la présence animale grâce aux autres.

Ma liberté est à la frontière de celle de mon voisin. Comme il m'est tout aussi désagréable qu'à n'importe qui de glisser sur une déjection canine, je ramasse et, ce faisant, je respecte les autres. Je souhaiterais que ceux qui auront la gentillesse – et peut-être même le plaisir – de me lire y pensent aussi. Et que tout le monde en fasse autant.

Je faisais remarquer, au passage, que toutes les nuisances et les bruits divers que l'on subit régulièrement au sein de notre cité – les moteurs, les Klaxon, les pétarades des motos, etc. – sont autrement pires que les aboiements ! Mais, sans les excuser, je comprends mieux aujourd'hui les réactions quelque peu disproportionnées de certaines personnes « réfractaires » aux bêtes, aux dépenses qu'elles nécessitent, et à leurs propriétaires qui « en font trop », parfois... Je crois que leur attitude excessive est proportionnelle à celle – tout aussi exagérée – de ceux qui se disent les défenseurs des animaux : je veux parler des « marchands de protection animale ». Dans la vie comme en politique, les extrêmes sont condamnables et, en ayant consacré ma vie aux bêtes, je suis bien placé pour parler de ceux qui s'en servent à des fins détournées.

En résumé, il y a ceux qui, comme le philosophe Kant, donnent une place absolutiste à l'homme. En partant de certaines croyances religieuses, l'homme, créé par Dieu, aurait, en quelque sorte, été nommé par Lui comme le potentat du monde vivant, un être supérieur, ce qui lui donnerait le droit de faire tout et n'importe quoi avec les bêtes. En face, il y a ceux qui, farouchement opposés à ce point de vue, semblent avoir adopté le côté tout aussi extrême, voire extrémiste, de la protection animale. Ces derniers revendiquent les mêmes droits pour les animaux et les êtres humains, et ils se battent pour que cette soi-disant « égalité » soit reconnue.

En examinant ce problème très vaste de plus près, on doit se poser une question toute simple : comment trouver un équilibre biologique dans l'écosystème planétaire, où chacun puisse avoir une place vitale acceptable ?

Depuis 1960, je me suis battu pour donner une plus juste place aux animaux, par l'intermédiaire des médias notamment. *Tribune libre* était, par exemple, une émission de télévision de la région Ile-de-France, à laquelle je participais parfois. Lors d'une émission où j'étais l'avocat des bêtes victimes d'abandons, j'avais invité Pierre Perret, qui chantait *La Cage aux oiseaux*, et Piem, dessinateur humoriste extraordinaire. Ce dernier avait dessiné en direct un homme qui abandonnait son teckel en l'attachant à un arbre, sur lequel il finissait plus tard par se planter avec son véhicule. Les spectateurs pouvaient constater que ce type de comportement avec un animal ne portait pas chance à l'« abandonneur ».

Se débarrasser de son chien – ou le faire piquer – au moment de partir en vacances est pour moi une chose inadmissible et abominable, que je ne peux laisser passer. Je ne supporte ni la cruauté, ni l'indifférence envers les bêtes. Donc, je réagis avec les moyens du bord. Et, surtout, j'agis, avec ce que je peux et ce que je crois savoir.

4

De la chasse à la SPA

Une image me vient à l'esprit : celle, inoubliable, des corbeaux que l'on voyait, auparavant, sur tout le territoire hexagonal. Les corbeaux, ainsi que les corneilles, sont des oiseaux particulièrement intelligents. Il y en a qui apprennent à parler, comme vous et moi. Dans *Ces bêtes qui m'ont fait homme*, j'évoquais un corbeau qui, tous les matins, tapait aux carreaux d'une fenêtre de « la Jungle », la propriété de Teddy Michaud, dresseur d'éléphants, de tigres, de lions, etc. Ce dernier avait tourné de nombreux films, avec Jean Gabin notamment, et il avait dressé le chimpanzé qui jouait dans *Trapèze* de Carol Reed (1956) avec Gina Lollobrigida – que j'ai eu la chance de rencontrer à cette occasion... C'est avec Teddy que, pour la première fois, j'ai utilisé un appareil à aérosols pour ses lions, qui souffraient d'une infection broncho-pulmonaire. Faire avaler des grogs ou introduire des suppositoires à des fauves souffrant d'une grippe n'est pas une mince affaire ! On avait donc entièrement bâché leur caravane et l'on avait projeté les aérosols véhiculant les agents médicamenteux nécessaires pour leur guérison. Ils les avaient inhalés sans difficulté.

Mais je m'égare, car j'étais parti de l'histoire de ce corbeau incroyable qui, tous les jours, sans exception, réclamait à mon copain son petit déjeuner – verbalement, comme à l'hôtel !

Quand j'allais à la chasse, si je m'asseyais sur le capot de ma voiture avec un fusil à la main, les corbeaux ne se laissaient pas approcher. Ils savaient parfaitement ce que le fusil signifiait. Les pigeons aussi reconnaissaient l'habit du chasseur. Tirer un corbeau ou un pigeon n'était pas à la portée de n'importe quel fusil ! Les corbeaux sont assez malins, par exemple, pour cacher un morceau de viande afin d'éviter à un congénère ou autre prédateur de s'en emparer...

Oui, j'ai été chasseur et, aussi paradoxal que cela puisse paraître, j'aimais la chasse. Comment peut-on être vétérinaire, amoureux des bêtes et... chasseur ? Il ne faut pas oublier que, depuis 1789, chaque citoyen a gagné le droit de chasse, auparavant réservé à la noblesse. Il faut savoir aussi que, il y a une cinquantaine d'années, la chasse était dans l'esprit de tous quelque chose de normal, voire de physiologique. Les « anti-chasse » n'existaient pas. Il y avait beaucoup de cultures de dimension familiale, comme en Alsace, et beaucoup de gibier. Et, à l'époque, les chasses communales étaient encore nombreuses.

C'est dans ce contexte particulier que la chasse prend tout son sens. J'ai chassé et, dans ma tête, je suis toujours chasseur, parce que je préfère être chasseur que gibier. Je ne suis pas contre, par principe, mais tout dépend du chasseur, du gibier et des conditions dans lesquelles se déroule la chasse. Je n'ai, par exemple, jamais tiré de grands mammifères, excepté les sangliers qui, comme le porc, se mangent et se multiplient bien.

En y réfléchissant, lorsque vous allez acheter de la viande et de la volaille chez le boucher ou chez le charcutier, vous fermez les yeux, car c'est aussi un produit déguisé de chasse. Qui n'est pas chasseur ? Tous ceux qui consomment de la viande le sont, en réalité. Et il en va ainsi depuis que l'homme est sur cette planète. Arrêtons de nous voiler la face, les doigts écartés, et cessons de pratiquer la politique de l'autruche. Acheter un faisan ou un perdreau chez le marchand de volailles coûte moins cher que celui en provenance d'une partie de chasse...

A la fin des années 60, j'avais effectué un voyage en la compagnie d'un ministre de Djibouti de l'époque. Nous étions donc partis en Land-Rover, en direction de l'Ethiopie. On avait emporté toutes les victuailles nécessaires à notre déplacement. Soudain, le ministre avait arrêté la voiture. Il avait ouvert la fenêtre, pris son fusil et pointé. A une trentaine de mètres de nous, se trouvait un magnifique koudou mâle, dont les cornes étaient – comme elles le sont toujours – extraordinaires ! Au moment où il s'apprêtait à tirer, je lui avais fait lever le fusil. Il était furieux, et moi aussi. Je lui ai dit : « Pourquoi veux-tu tuer ce superbe koudou ? Pour de la viande ? On en a plein la bagnole ! C'est ridicule, c'est vraiment pour rien et c'est gratuit ! Fous-lui la paix ! » La proie était trop facile et sa mort inutile. Le tirer équivalait à tuer une vache dans un couloir...

Un vrai chasseur est un gentleman. Il respecte la nature et il connaît parfaitement les espèces animales qu'il a l'intention de chasser. Il existe une grande variété de types de chasses, suivant les territoires et les pays. Les chasseurs d'aujourd'hui ne chassent plus pour se nourrir, comme autrefois. Ils ne chassent plus par nécessité, mais pour le plaisir : le plaisir de se promener en pleine nature, toute la journée, et le plaisir de leur propre chien, qu'ils entraînent à débusquer le gibier ou à le rapporter. La chasse est un sport, et même un sport de luxe. Comme je l'ai déjà dit plus haut, l'équipement du chasseur, l'entretien du chien, le temps et l'argent dépensés pour participer aux différentes chasses coûtent bien plus cher que d'aller acheter du gibier chez le commerçant du coin ! Comme moi, la plupart des chasseurs soulèvent leur fusil lorsqu'un gibier est en vue, pour le suivre avec la mire. Ils ne tirent pas, car le but n'est, encore une fois, pas de tuer. Ce qui est loin d'être le cas des braconniers, qui tirent profit de leurs « exploits »...

Au début de mon activité professionnelle, ma meilleure clientèle était les chiens des chasseurs. Eux seuls, ou presque, dépensaient de l'argent pour faire soigner leur chien. A l'automne 1960, j'avais opéré un épagneul breton qui souffrait d'une luxation coxo-fémorale. Plusieurs médecins chirurgiens, copains de chasse, avaient prévenu son maître qu'il ne pourrait plus jamais chasser. Ils avaient même engagé des paris...

Il faut dire que la reconstruction du ligament rond est quasi impossible. Anatomiquement, ce ligament s'insère au centre de la tête fémorale qu'il tient d'une façon « adéquate », en se fixant dans la cavité cotyloïde. Sa longueur est infime et sa solidité est la clé du maintien de la tête fémorale dans le cotyle. On savait alors réduire la luxation et l'immobiliser en flexion avec un système de pansements. Mais ce n'était pas satisfaisant parce que la luxation rechutait peu de temps après. De plus, chez le chien, la cavité cotyloïde ne possède pas de toit, comme chez l'homme, qui vit en station debout. Le chien se déplace à quatre pattes – donc à l'horizontale – et il est davantage sujet à ces luxations.

Un de mes amis et confrères de l'époque, qui s'appelait Collin, installé à Tours, avait inventé une vis à ailettes qui traversait la tête fémorale et pénétrait dans le cotyle. De cette manière, la patte postérieure pouvait se mouvoir d'avant en arrière et vice-versa. Mais, lorsque le chien la levait, ne serait-ce que pour uriner, la vis se tordait et la patte restait en l'air ! J'avais imaginé une autre méthode, fondée sur la reconstitution d'un ligament rond, artificiel, permettant d'effectuer des mouvements tous azimuts... Je fixais une petite plaque percée de deux trous, qui servait habituellement en chirurgie orthopédique, afin d'arrêter le ligament côté face interne du bassin. Puis, après avoir percé un tunnel au travers du col et de la tête du fémur, le ligament métallique – souple mais résistant – repartait de l'intérieur du bassin et ressortait sous le trochanter, où il était solidement fixé par une vis.

J'avais appliqué cette technique à l'épagneul breton. Là encore, c'était probablement une première, car je n'avais jamais lu ni entendu parler de ce genre d'intervention chirurgicale. Je dois préciser que j'avais confectionné ce ligament artificiel avec la toile métallique qui servait à renforcer les abdomens chez les êtres humains souffrant d'éventrations. Au bout de six semaines, le chien avait pu chasser de nouveau et reprendre la vie au grand air qui était la sienne avant son accident. Pourtant, les chirurgiens, qui étaient des associés dans ladite chasse en Sologne, avaient affirmé que cet épagneul breton ne chasserait plus jamais...

Son maître et moi-même avons bien profité des paris gagnés sur les chasseurs et les médecins, et nous avons bien mérité nos caisses de champagne !

A l'époque où je chassais encore, le lien qui unissait l'homme et la bête était empreint d'un respect mutuel instinctif : l'homme exerçait une certaine supériorité vis-à-vis du monde animal, désigné sous le terme générique de « gibier », mais la bête gardait une chance de lui échapper. Il existait un équilibre et une certaine éthique entre le chasseur et le gibier. Les « viandeurs » ne représentaient qu'une faible minorité. Le viandeur est le gars qui veut absolument tuer, alors que le chasseur, au sens noble du terme, connaît bien le gibier ainsi que tous les paramètres d'un bon tir. Les gens anti-chasse ne veulent souvent pas admettre que les meilleurs protecteurs de la nature et des animaux sont les chasseurs. Pourtant, il faut bien qu'il y ait du gibier pour qu'il y ait un tableau de chasse... Les chasseurs savent ce qu'il faut faire – ou ne pas faire – pour que les bêtes vivent dans les meilleures conditions possibles. Ils savent aussi comment conserver la qualité des territoires de chasse.

A ce propos, j'étais régulièrement invité à des chasses en Alsace, où les chasseurs sont très respectueux du gibier et des règlements. J'avais emmené un ami dans l'une de ces chasses au bord du Rhin. Ce jour-là, on ne chassait que le faisan. Mon copain avait vu passer un brocard et, malgré l'interdit, il avait tiré... et l'avait loupé. A la fin de la traque, le président de la chasse l'avait invité à rejoindre sa voiture et il m'avait conseillé de ne plus l'emmener. Chez les chasseurs dignes de ce nom, la rigueur est de règle...

Mais les temps ont changé. Autrefois, personne ne cherchait à tuer la poule aux œufs d'or : le monde des chasseurs préservait le gibier. Au XIXe siècle, les chasseurs qui s'aventuraient dans les jungles tropicales ou subtropicales, sur les continents africain, asiatique et sud-américain, avaient peur des animaux dits « sauvages ». De nos jours, l'armement de l'homme et son psychisme dominateur ont tellement évolué que la peur de la bête sauvage a disparu. On ne craint plus de se balader dans des forêts exotiques où évoluent des lions, des tigres et des rhinocéros. Avec fierté, on se laisse photographier, le pied sur la belle bête tuée comme, je l'ai déjà dit, une vache dans un couloir ! Mais même cette image est dépassée...

Au milieu du XXe siècle, personne ne s'opposait à la chasse. C'était encore une activité naturelle et la consommation de gibier était réservée aux jours de fête. La loi Verdeille concédait même aux chasseurs le droit de poursuite du gibier dans une partie réservée des propriétés privées. Les chasseurs étaient considérés comme des bienfaiteurs par la population qui se disait victime du gibier, « saccageur des récoltes et des jardins ». Cette loi a été supprimée. A l'heure actuelle, presque tout le gibier est devenu un produit d'élevage, au même titre que le bœuf ou le cochon. Sur les étalages, on trouve du faisan, de la caille, du chevreuil, du sanglier. Les ortolans font aujourd'hui partie des espèces dites « protégées », qu'il est bien entendu interdit de chasser, de vendre et de consommer. François Mitterrand a sans doute été l'un des rares derniers consommateurs de ces petits oiseaux, dont il estimait – à juste titre – la chair.

Certains franchissent les frontières pour tuer des ours, des zèbres, des éléphants, des lions, etc. C'est aberrant et ridicule ! Il n'y a pas de quoi s'en vanter, car, muni d'armes aussi perfectionnées, le chasseur ne risque plus sa peau.

Il gagne à tous les coups et les bêtes disparaissent à vue d'œil.

J'ai chassé avec un tas d'amis, que ce soient des grands patrons du cinéma ou des rugbymen, en Sologne ou ailleurs. J'étais avec de véritables tireurs d'élite, des champions nationaux et internationaux. Moi-même j'allais au tir au pigeon d'argile. C'est d'ailleurs la raison pour laquelle j'ai perdu un peu de mon ouïe, parce qu'il n'y avait pas de protection. J'aimais le côté difficulté du tir. Je peux dire que j'étais assez « fana » de la chasse... Mais, un jour, j'ai tout arrêté. Mme Champeix, belle-sœur d'un ministre du même nom, venait de me proposer la présidence de la SPA. J'ai accepté le poste de vice-président. Toujours animé par un esprit des lanciers du Bengale, je me disais qu'en étant à la SPA je pourrais sans doute faire avancer les choses en faveur des animaux. J'allais enfin réussir à convaincre ! Mais je ne trouvais pas « politiquement correct » de continuer à chasser. Je ne pouvais pas être à la fois chasseur et protecteur des animaux, du moins je savais que personne, ou presque, ne le comprendrait. J'ai donc laissé définitivement tomber la chasse, ce que mes copains chasseurs n'ont pas apprécié du tout et ils m'ont traité d'imbécile.

Il est vrai que, à partir de mon expérience, je suis en état de constater, après vérification, que le monde des chasseurs est composé de personnes respectables, dans le sens le plus proche de sa définition sémantique. Ce n'est pas le cas, hélas, du monde dit « de la protection animale », où l'on trouve de la sensiblerie exagérée, à la rigueur admissible et physiologique, mais surtout des gens parfois très doués pour faire pleurer dans les chaumières et en tirer un profit matériel. Mais passons. Mon intégration au sein du conseil d'administration de la SPA, au cours des années 60, m'a permis d'être là pour des actions aussi concrètes que la construction du nouveau refuge de Gennevilliers.

L'ancien refuge, qui datait des années 1880, avait été fondé et financé par une bienfaitrice américaine. Il était plutôt délabré et n'était plus adapté aux besoins de l'époque. J'ai participé, en majeure partie, aux plans d'origine du nouveau refuge, mais la réalisation et les suites n'ont plus été de ma compétence. Nous avons d'abord trouvé, non sans difficulté, un terrain de sept mille mètres carrés pour un prix abordable, qui correspondait à nos moyens financiers plutôt limités. C'était une ancienne décharge publique. Puis, après plusieurs années d'études architecturales et budgétaires et de démarches administratives, la construction proprement dite a pu commencer. Nous avons alors été confrontés à toute une série de surprises, dont la première fut l'obligation d'implanter un certain nombre de piliers d'une quinzaine de mètres de longueur, en raison de l'instabilité du terrain. Nous les avons toutes surmontées, et c'est en 1973 que le nouveau refuge de Gennevilliers a été inauguré. Brigitte Bardot devait être présente.

A l'époque, je connaissais déjà Brigitte, dont l'amour des bêtes était réel et sincère. Quelques années auparavant, elle avait été la marraine d'un lionceau que j'avais élevé jusqu'à l'âge de quinze mois environ. Il s'appelait Sacha et avait été rejeté par sa mère qui, ayant mis au monde quatre petits, ne s'était sans doute pas sentie en mesure de les nourrir tous. A la fin des années 60, en France, un certain courant de sympathie était né envers les fauves, probablement lié à la création du parc de Thoiry et autres parcs zoologiques. Il y avait aussi pas mal d'actions dans la presse et les médias afin de sensibiliser l'opinion publique et de provoquer des mouvements de protection des espèces animales en voie de disparition. J'y participai dès les débuts. Brigitte était captivée par cette cause. Lorsqu'elle donnait le biberon à Sacha, ce n'était pas du cinéma, ni même de la photo... C'était *pour de vrai*, comme diraient les enfants. Et moi aussi.

Avec une telle marraine, comment ne pas faire de Sacha un « animal vedette » ? Il était devenu un compagnon familier de notre maisonnée. Mon fils avait alors sept ans et mes jumelles quatre ans. Grâce à lui et à nos trois chiens bergers, la sécurité était largement assurée ! Nous n'avions pas besoin de fermer le portail à clé malgré l'afflux de curieux qui tentaient d'apercevoir notre lion. Sacha gambadait en toute liberté dans le jardin, et il jouait, dans la maison, à grimper sur le frigo et à tout balancer sur la grande table de la cuisine. On lui pardonnait tout. Il faut reconnaître que l'attachement, je dirai même le lien d'amour, que l'on tisse avec un fauve n'est comparable à aucun autre sentiment. Il est quasiment impossible de l'expliquer. Cela n'a rien à voir avec du gâtisme ou de la sensiblerie, c'est plutôt une sensation d'affection merveilleuse.

Un soir, par exemple, je l'avais vu pleurer comme un bébé humain. Il venait de se faire sérieusement gronder parce qu'il s'était « oublié » sur le canapé du salon. D'habitude, Sacha était parfaitement propre, et il en était d'autant plus honteux. Après s'être fait copieusement attraper, il était allé se réfugier sur la terrasse et, adossé au mur de la maison, il s'était mis à pleurer. Je n'avais pu m'empêcher de le prendre dans mes bras pour le consoler. Nous étions restés ainsi enlacés une bonne partie de la nuit. La sensation que l'on éprouve, quand on prend un fauve dans ses bras, est totalement différente de celle qu'on a avec un être humain ou un autre animal. Ce que l'on ressent alors à l'égard de ce genre de bestiau est tellement étrange – et étranger à ce que l'on connaît d'habitude – que je ne me sens pas capable de le décrire.

J'ai fait partir Sacha lorsqu'il eut presque un an et demi. Il me semblait trop risqué de le garder avec nous, je n'étais pas suffisamment présent à la maison. Il a intégré un groupe de lions dans le parc de Peaugres, que le vicomte de La Panouse venait de réaliser dans le Vivarais, à soixante-dix kilomètres au sud de Lyon. Sacha y a coulé des jours heureux.

Pour en revenir au refuge de Gennevilliers, la nouvelle de la participation de Brigitte Bardot à son inauguration avait attiré des personnalités qui voulaient toutes être présentes. Mme Thôme Patenôtre, présidente de la SPA, et moi-même étions submergés d'appels téléphoniques en provenance de différents ministères ! Nous aurions bien voulu convoquer le gouvernement en entier pour soutenir notre action, mais nous n'en avions pas le pouvoir. Finalement, c'est le ministre de la Fonction publique qui fut des nôtres ce jour-là.

C'était en 1973, l'époque où nous subissions le premier choc pétrolier. Il n'y avait plus de véhicules sur les routes et la télévision était en grève. Seul le journal télévisé de 13 heures était diffusé en direct de Cognacq-Jay. Grâce à nos contacts, nous avions eu le privilège, superexceptionnel en fonction des circonstances, d'y être invités. Encore fallait-il pouvoir s'y rendre en temps voulu ! J'avais demandé au chef de cabinet du ministre s'il avait le bras assez long pour nous faire accompagner à la télé. « Sans problème ! » m'avait-il répondu et il avait fait venir *illico presto* des motards. Le ministre lui-même nous y avait conduits dans sa voiture. En arrivant devant l'immeuble de l'ORTF, Mme Patenôtre s'était empressée de remercier le ministre d'avoir eu l'amabilité de nous déposer à l'heure et en toute sécurité.

Je me souviens de l'image de l'unique véhicule circulant sur cette route déserte : un cheval attelé à une charrette ! Il n'y avait aucune automobile ni aucun moteur à hydrocarbure. Je ne m'étais pas privé de faire remarquer, en direct à l'antenne, que les animaux nous avaient toujours aidés à vivre et qu'ils étaient notre pétrole éternel. Nous avons une dette, impossible à amortir, envers l'ensemble du monde animal. Tout ce que les bêtes nous ont apporté au cours de millions d'années, tout ce qu'elles nous ont permis d'accomplir et dont nous avons abusé, aucun ordinateur ne suffirait à le comptabiliser.

J'avais réussi à arriver à peu près à l'heure à Gennevilliers avec Brigitte Bardot, mais elle n'était pas venue à la télé. Après l'inauguration officielle du refuge, à laquelle elle avait accepté de bon cœur de participer, elle avait pris mon auto personnelle et s'était éclipsée chez elle. Il me semble pouvoir dire que si autant de gens ont aimé et aiment encore BB, c'est non seulement pour sa belle morphologie, mais aussi pour son attachement authentique aux bêtes. Ce n'était pas de la comédie, j'en ai souvent été le témoin. D'ailleurs, elle s'est vraiment engagée au moment où elle a décidé de laisser tomber le cinéma.

A plusieurs reprises, Brigitte avait été présente à mes côtés. Par exemple, elle avait eu la gentillesse d'enregistrer des spots conçus pour la SPA dans le but de soutenir les actions de la protection animale. Inutile de dire que son image était particulièrement porteuse et efficace ! C'était un effort assez appréciable de sa part, car, à ce moment-là, elle appréhendait les conditions de tournage dans les studios de télévision. Lors des premiers enregistrements, j'avais été obligé de demeurer près d'elle, assis face à la caméra – en restant hors champ –, de lui tenir la main et de la stimuler parfois par une pression...

Raconter toutes les péripéties qui ont jalonné mon parcours au sein de l'équipe de direction de la SPA pendant dix-huit ans deviendrait un peu excessif. Je m'en tiendrai donc à une seule, en citant l'action parlementaire de Mme Patenôtre, qui était non seulement présidente de la SPA mais aussi ancien ministre, député-maire de Rambouillet. A ce titre, elle avait fondé le groupe de Protection animale à l'Assemblée nationale, dont soixante-dix députés faisaient partie. Des réunions avaient lieu périodiquement pour des discussions et des exposés, dans des salles qui nous étaient attribuées. On avait même présenté une Charte de la protection animale, dans laquelle on avait essayé d'embarquer le ministre de la Qualité de la vie de l'époque, André Jarrot. Mais, pour être clair, les ministres, comme les députés, avaient *d'autres chats à fouetter* et ils ne s'intéressaient guère à la cause animale. Ils nous écoutaient, mais ils pensaient probablement à autre chose...

Le hasard m'a aidé de la façon suivante : j'avais une amie qui tenait un restaurant dans le XVe arrondissement de Paris, et dont le cuisinier était un ami proche d'André Jarrot. Tous les deux étaient de fervents adeptes des courses de motos. Le ministre y venait régulièrement pour déjeuner ou pour dîner, et il s'installait plus souvent dans la cuisine que dans la salle du restaurant. Ainsi ai-je eu l'occasion de discuter tranquillement d'histoires d'animaux ailleurs que dans les bureaux froids du ministère, tout près de la chaleur des fourneaux. C'est dans ces conditions exceptionnelles – et dans les bonnes odeurs d'une cuisine délicieuse et raffinée – que M. Jarrot avait fini par m'entendre. Et la loi du 10 juillet 1976 a été votée. Cette loi était très importante, car elle énonçait que l'animal devait être traité selon les impératifs de son espèce. Elle aurait été fondamentale, je pense, si le texte avait été voté tel qu'il avait été proposé et s'il avait été mentionné noir sur blanc que l'animal n'était pas un objet mais un être vivant. Hélas, ce n'était que sous-entendu.

A la même époque, j'avais fait faire un tableau par un ami, grand artiste peintre, représentant un très beau dalmatien dans une poubelle entourée de jouets. Ces jouets épars, cassés ou pas, avaient été jetés, ce qui supposait que le chien avait lui aussi été mis à la poubelle. A la sortie du film de Walt Disney, *Les 101 Dalmatiens*, les gens se ruaient sur cette race à l'aveuglette et les abandons se multipliaient... J'avais choisi une façon un peu percutante de parler de tous ces abandons inadmissibles, avant les vacances notamment. Dans une bulle qui sortait de la bouche du chien, on pouvait lire : « Je ne suis pas un jouet. » Des affiches et des autocollants, réalisés à partir de la photo d'un vrai dalmatien, avaient été largement distribués partout. Ce dalmatien était champion de France de beauté et il appartenait à Mme Garaix, présidente pendant plusieurs décennies du Club français du dalmatien. Je persiste et je signe : l'animal n'est pas un objet que l'on jette.

Pour lutter contre l'abandon et le trafic des animaux, il y avait un nouveau système déjà utilisé aux Etats-Unis : le tatouage. En 1969, un fournisseur d'équipements pour les vétérinaires était revenu d'Amérique avec un dermographe, qu'il m'avait présenté. Il s'agissait d'un appareil à tatouer, de conception assez simple. C'était le même système électrique que l'on utilisait, à l'époque, pour les sonnettes. Mais, au lieu de la clochette et de la bille qui tapait sur celle-ci, il y avait trois ou quatre aiguilles en acier trempé. Il suffisait d'étaler de l'encre solide ou en gel sur la peau et d'écrire, avec les aiguilles, les chiffres et les lettres d'immatriculation, pour obtenir un tatouage indélébile et... artistique ! L'encre pénétrait sous la peau, sous la forme de points suivis, on en essuyait la surface avec un solvant, et le tour était joué. La bête était tatouée à jamais, sur le cartilage sur la face interne de l'oreille, ou sous la peau du ventre. A moins de lui couper l'oreille ou de lui ouvrir l'abdomen, il était quasiment impossible de tricher. Dès que le projet avait été connu, un certain nombre de propositions parallèles avaient émergé en France.

J'ai tout de suite vu là un moyen de limiter les dégâts engendrés par les abandons. Etant vice-président de la SPA et ayant eu l'occasion de rencontrer M. Chaban-Delmas, alors Premier ministre, je n'avais pas hésité à lui présenter l'identification des chiens comme une affaire d'intérêt public. Le dossier avait été étudié par les services du ministère de l'Agriculture, notre ministère de tutelle, et je me souviens de la réponse positive de M. Chaban-Delmas, à Matignon, le jour de la remise de la Légion d'honneur à mon ami Carpentier, champion de boxe de l'époque.

En 1971, est enfin sorti le décret créant un fichier national d'identification canine. Le ministère de l'Agriculture confiait son fonctionnement en délégation à la Société centrale canine, association loi 1901 à but non lucratif, c'est-à-dire la Fédération des clubs de chiens de race. Pendant plus de trente ans, ce système a permis de réduire le nombre des abandons, de retrouver la plupart des chiens perdus, ou parfois volés. En un mot, de mieux gérer la population canine de plus en plus nombreuse.

Aujourd'hui, après tout ce temps passé auprès des bêtes de toutes sortes, après les avoir regardées les yeux dans les yeux – au moins autant que les hommes, les femmes et les enfants –, et après avoir observé leurs comportements, je tente de dresser un tableau explicatif et de répondre à certaines questions qui peuvent sembler contradictoires. La chasse et la protection animale, par exemple, sont deux domaines qui me concernent directement et me touchent particulièrement. Comment concilier et réconcilier le médecin des bêtes qui doit les soigner, les aider, les protéger comme n'importe quel être vivant en danger, avec l'idée de la chasse, ou même celle de la consommation de tout ce qui est d'origine animale ?

Tout d'abord, faisons le parallèle entre le vétérinaire et le médecin des hommes. Ce dernier aime-t-il forcément les individus composant sa clientèle ? Non. D'ailleurs, il est traditionnellement déconseillé, dans le monde médical, de soigner des membres de sa famille et même des proches. C'est évidemment en raison de la crainte d'une issue négative et des critiques qui pourraient s'ensuivre. Inutile de dire que le médecin n'est pas obligatoirement attaché, d'une manière sentimentale, à ses patients. Il peut être très compétent, sans pour autant « aimer » ses malades. Eh bien, le médecin des bêtes non plus n'a pas *a priori* de relation sentimentale avec les chiens, les chats, les chevaux, les vaches, les cochons et tous les animaux qu'il est appelé à soigner.

Autrefois, les vétérinaires étaient issus de familles d'agriculteurs. C'était l'un des chemins possibles pour s'évader de la ferme et devenir notables dans les petites villes de province. Depuis que l'élevage s'est industrialisé ou a même disparu, les vétérinaires dits ruraux – qui ne voulaient pas toucher à un chien ! – ont migré vers les villes où la population des animaux de famille s'est considérablement multipliée. Ils ont bien été obligés de s'occuper des chiens et des chats... Et ils l'ont fait, bien sûr ! Par professionnalisme, et parfois aussi par amour.

En ce qui me concerne, j'ai tout de suite ressenti ce « tropisme » positif entre les bêtes et moi. J'étais d'autant plus efficace dans la recherche d'une solution de cas pathologique compliqué que mon attachement à l'animal débordait, peut-être inconsciemment, au plan sentimental. Je plaçais les bêtes au même niveau que les êtres humains traités par un médecin. J'ai toujours éprouvé un sentiment qu'on peut appeler l'amour des bêtes. Je ne me suis jamais contenté d'appliquer seulement le protocole du traitement, car l'amour des bêtes me rattrapait toujours, naturellement, sans que j'y prenne garde. Je suis comme ça, même si cela relève plus du subconscient que du conscient. En tout cas, l'animal le comprend d'emblée.

Un chien, ou un chat, qui arrive en consultation chez le vétérinaire vêtu d'une blouse blanche, freine sur ses quatre pattes ou sort ses griffes. Le vétérinaire lambda, qui veut faire une caresse « commerciale » à l'animal, ne parvient pas à l'amadouer. Les bêtes ne marchent pas dans ce jeu-là !

J'ai soigné une chienne atteinte d'une maladie chronique, qui nécessitait des intraveineuses régulières. C'était une malinoise, réputée pour être extrêmement exclusive avec son maître. Malgré tout, quand elle arrivait à mon cabinet, elle sautait sur la table et tendait sa patte docilement, presque joyeusement. Il me semblait que cette chienne savait le bon côté de tous les gestes, la confiance était réciproque, c'est tout.

S'il existe une véritable communication – voire une communion – entre le vétérinaire et l'animal, et que les mots et les caresses prodigués sont sincères, alors le chien, le chat, la vache, l'éléphant, le singe et même le tigre acceptent, en partie, de se faire soigner. La plupart du temps, ils donnent l'impression d'être conscients de l'aide que nous leur apportons.

J'ai un attachement instinctif envers les bêtes, et pourtant j'ai été chasseur. La vie sur Terre est ainsi faite : les herbivores consomment des végétaux et les carnivores des animaux d'autres espèces. Les hommes, eux, sont omnivores. On bouffe de tout ! Je suis donc, tout bêtement, comme tout le monde...

Je le répète à dessein : sur notre planète, chaque espèce vit aux dépens d'une ou plusieurs autres, et l'homme vit au détriment de toutes les espèces. Après réflexion, j'ajouterai cependant que malheureusement, depuis quelque temps, *l'homme vit au détriment de sa propre espèce*.

5

Les ours de mon enfance

J'ai toujours éprouvé une très ancienne sympathie pour les ours. Le courant passe entre nous. Il m'est arrivé plusieurs fois d'entrer dans la cage d'un ours pour le soigner, je n'ai éprouvé aucune appréhension à ces moments-là. Je reste prudent, bien entendu, et conscient des risques. Et l'ours ? Disons que je m'abandonne à une sorte de « folie raisonnée » lorsqu'un ours – comme tout autre animal jugé plus ou moins dangereux – se trouve face à moi. J'exécute ce que j'estime devoir faire et je me fie à mon instinct. Je fonce « tête baissée » et je reste naturel. Jusqu'à présent, cela ne m'a pas desservi.

Il y a une trentaine d'années, j'avais été amené à soigner une ourse blanche qui avait mis au monde un ourson, dont Delannoy, son soigneur et gardien, ainsi que tout le personnel du parc zoologique de Thoiry étaient fiers ! Cela rendait ma tâche plus difficile, car, pour approcher la mère qui veillait au grain, il fallait éloigner l'ourson, bébé d'un mètre de haut déjà.

De quoi souffrait l'ourse ? Elle était affalée dans un coin de sa cage et, selon « ses proches », elle vomissait, bavait et avait de la diarrhée. Je l'avais d'abord observée de loin, en me disant qu'il s'agissait probablement d'une entéro-toxémie, c'est-à-dire une intoxication d'origine alimentaire aggravée par des complications infectieuses. Elle n'était pas inerte. Quand on la touchait avec un bâton de l'extérieur de sa cage, elle réagissait aussitôt, se mettait sur ses pattes et tournait en rond. L'ourson gambadait tout près d'elle. Je savais que sauver la vie de l'ourse équivalait à sauver celle de son petit, mais je ne pouvais m'occuper d'elle sans entrer, d'une manière ou d'une autre, sur son territoire.

« Ouvrez la bouche, tirez la langue, toussez, voyons votre gorge, vos yeux, vos oreilles, je vais prendre votre pouls et palper votre ventre... », tout cela était évidemment impossible ! Pour atténuer ses maux, j'aurais pu tenter de lui faire avaler des comprimés mélangés aux aliments, mais voilà, l'ourse blanche refusait toute nourriture. Il ne me restait qu'une seule solution : les injections de médicaments. Je savais qu'il ne fallait pas perdre de temps ni imposer à la bête – déjà très éprouvée – des épreuves excessives.

Une technique, plutôt spectaculaire et moderne, consistait à injecter des médicaments, sous forme soluble, contenus dans une fléchette spéciale projetée soit par un pistolet, soit par un fusil à air comprimé ou par des cartouches de force variant en fonction de la distance et de la résistance à la pénétration. J'étais alors l'un des rares possesseurs de ce genre d'équipement venu des Etats-Unis. Mais cela représentait un certain nombre d'inconvénients pour cette ourse qui pesait environ quatre cents kilos. Pour injecter à cette énorme masse la quantité de produit requise, il fallait tirer un grand nombre de projectiles. La contenance de ces seringues allait jusqu'à quinze millilitres. Vu le poids de notre ourse, il aurait fallu pratiquer un minimum de douze injections. En raison de l'épaisseur de la couche de graisse, une autre incertitude subsistait quant à la bonne pénétration et à la diffusion du « cocktail » injecté. Il y avait aussi un risque d'abcès et de résorption du produit, qui était huileux du fait de son effet retard. Après réflexion – et contre toute attente – j'ai opté pour... un manche à balai ! C'était une « arme » dont je me servais parfois pour approcher les bêtes.

Je regardais l'ourse blanche et la surveillais depuis un bon moment déjà quand j'ai pris cette décision. Mon instinct me disait : « Tu peux y aller ! » Encore une fois, j'ai suivi mon sixième sens. La malade ne m'avait pas donné l'impression d'être particulièrement hargneuse ni agressive. D'ailleurs, il m'était arrivé de lui lancer des pommes, car j'intervenais fréquemment à Thoiry pour soigner les animaux du parc. Peut-être me reconnaissait-elle un peu... Je ne cessais de lui parler et je lui adressais toutes sortes de compliments. Il me semblait que ma voix, sans pour autant être familière, ne lui était pas désagréable. L'ourse blanche me faisait bonne impression.

Cependant, j'ai dû affronter un concert de protestations de la part des soigneurs et des responsables, présents ce jour-là. « Tu es fou ? Tu veux te faire bouffer ? Tu auras bonne mine avec la tête en moins ! » Ils se sentaient tous obligés de m'empêcher de violer les règles sacro-saintes de sécurité et, surtout, ils avaient peur pour ma pomme. J'ai trouvé les mots pour les rassurer, ainsi que les gestes. Je suis entré dans la cage, avec mon bout de manche à balai dans la main. Je lui parlais, comme je l'aurais fait pour un être humain. Elle ne se dérobait pas et semblait même m'écouter. Elle avait seulement tourné la tête de mon côté quand je m'étais trouvé à portée de son ventre. Je restais vigilant, prêt à bondir en arrière. Mais je n'ai pas eu à avancer mon bâton. L'ourse me laissait faire. J'ai alors palpé son ventre de la main gauche, tandis que, de la droite, je continuais ma garde.

Son ventre était dur, gonflé, certainement douloureux. Mais tout se passait comme si l'ourse sentait que je ne lui voulais pas de mal. J'ai demandé à mes aides de me donner discrètement le matériel que j'avais préparé à l'extérieur de la cage et j'ai enfoncé une aiguille dans la cuisse. L'ourse n'a pas eu de réaction désagréable. J'ai donc pu continuer à lui injecter – en intramusculaire – un cocktail d'antibiotiques et d'antispasmodiques, qui lui serait salutaire.

Comme l'ourse avait l'air d'une bonne fille, je voulais aller plus loin et en savoir plus. J'ai décidé de lui prélever un peu de sang afin de faire un bilan. C'était une manœuvre délicate. Je devais passer et serrer un garrot autour de son coude, palper la veine cachée dans l'épaisse toison et, sous la couche de graisse, planter mon aiguille dans le pli du coude, y poser la seringue et aspirer le sang. Avec mon manche à balai, je maintenais la distance de fuite entre l'animal et moi. Grâce à cet obstacle – totalement imaginaire, sinon symbolique ! –, l'ourse avait le sentiment qu'elle pouvait m'échapper. Elle ne se sentait pas immédiatement menacée et, par conséquent, ne semblait pas donner des signes d'agressivité.

J'ai fait la prise de sang sans que l'ourse ne se révolte. Alors, j'ai continué. Tandis que l'aiguille était toujours dans la veine, j'ai disposé mon matériel pour une perfusion en goutte-à-goutte. J'étais persuadé qu'elle savait qu'on la soignait. Elle me regardait de temps en temps avec docilité et sans impatience. J'étais resté près d'elle pour l'empêcher d'arracher le matériel d'injection. Quand son museau s'approchait de la patte, j'avançais mon bâton, et les choses en restaient là... La perfusion s'est poursuivie sans incident. A la fin, je lui ai tendu, à la main, un poisson. Elle l'a humé un peu, mais n'en a pas voulu.

Allait-elle me lécher comme le faisaient parfois des tigres et des lions que je soignais ? Ce n'était pas tellement le genre des ours... Et puis, je ne me serais sans doute pas laissé faire, car l'ours a une langue pointue mais ses dents sont trop proches. Sa conduite, bien qu'on puisse la prévoir, est souvent plus capricieuse que celle des fauves. On dit que les ours blancs sont dangereux. Je ne le pense pas. Il faut rester très vigilant, bien sûr, mais il ne faut pas sous-estimer leur capacité à comprendre que, parfois, l'homme peut les aider. C'est du moins l'impression que j'ai toujours eue quand j'ai soigné des ours, et je n'ai été victime d'aucune agression.

Quelques jours plus tard, l'ourse blanche était complètement guérie.

J'avais soigné un jour, à Orléans, dans des conditions comparables, un autre ours blanc. Il appartenait au cirque Jean-Richard, installé en pleine ville sur une place centrale. C'était un dimanche après-midi, jour de représentation. L'ours blanc, dans sa cage, sur les arrières du cirque, bavait, vomissait et grognait lamentablement. J'étais grimpé à l'intérieur de la cage et j'avais pu lui prendre la patte, sous sa gueule, sans qu'il se rebiffe. A lui aussi, j'avais fait une injection intramusculaire et une perfusion intraveineuse.

Pendant deux heures, j'avais travaillé ainsi, sous les yeux du public qui s'était amassé peu à peu, sans la crainte de patauger dans la boue d'hiver entourant les cages. A aucun moment l'ours ne m'avait vraiment inquiété. Mais attention ! A deux reprises, j'avais peut-être eu la chance de tomber sur des sujets relativement placides. Et puis il s'agissait d'animaux de zoo et de cirque, habitués par définition à côtoyer les humains, et plus ou moins apprivoisés.

Comme l'ourse de Thoiry, l'ours blanc de Jean Richard avait vite été remis sur pattes et il avait pu continuer normalement sa vie d'artiste.

Je n'ai pas peur des animaux, en général. Ils le sentent. Et, si je suis particulièrement proche des ours, c'est sans doute à cause de ceux qui ont peuplé les rêves de mon enfance. Les ours en peluche, bien sûr, mais aussi – et surtout – ceux qui vivaient dans les Carpates. C'est au pied d'une petite montagne, appelée le Solovan, que se trouvait Sighet, mon « patelin ».

Je suis né aux confins de la Roumanie, de la Tchécoslovaquie et de la Hongrie, au confluent d'une rivière, l'Iza, et d'un fleuve, le Tisza. Sighet est situé en pleine nature, dans les Carpates. A l'époque, on y comptait vingt-sept mille habitants et... une seule voiture automobile ! Avant la guerre de 1914-1918, la ville appartenait à l'Autriche-Hongrie. En 1921, année de ma naissance, c'était la Roumanie. Le tableau est dressé. J'ai grandi jusqu'à l'âge de seize ans dans cette petite ville située loin de tout, dirais-je, et, en même temps, au cœur même de l'Histoire, de ses courants et de ses bouleversements. La population de Sighet était constituée d'environ 45 % de juifs orthodoxes (ashkénazes) pratiquants. On comptait aussi une minorité séfarade. Ayant vécu sous le régime austro-hongrois, tous parlaient la langue hongroise. Mes parents faisaient partie de ces gens-là. Certains d'entre eux utilisaient correctement l'allemand, mais la majorité s'exprimait en yiddish (jargon germanique, truffé d'expressions et de mots d'origine locorégionale).

A sept ans, je suis entré à l'école primaire communale où la langue officielle était le roumain, alors que dans ma famille on parlait traditionnellement le hongrois. Une anecdote m'a été confirmée plus tard : j'avais trois ans et ma nounou me baladait dans une poussette. J'avais une nourrice parce que ma mère, âgée de quarante ans quand je suis né, ne pouvait plus m'allaiter. Je me souviendrai toute ma vie du visage de ma nounou et de ses seins ! C'est une image primordiale qui s'est gravée à vie dans les cellules de mon cortex cérébral et a participé à la construction de mon « édifice ». Au cours de notre promenade, nous avons croisé M. Kissgyögy, un professeur très connu de notre ville. Du haut de son mètre cinquante-cinq, il demanda à ma nourrice qui était l'enfant qu'elle promenait et, de façon inattendue, ce fut moi qui répondis en hongrois : « Je suis le fils de M. Klein ! » Le hongrois était donc bien ma langue maternelle...

Je fréquentais aussi l'école rabbinique où l'on apprenait l'hébreu et le Talmud. Mes parents y tenaient, car ils étaient croyants et pratiquants. Moi, je n'avais aucun penchant particulier pour les pratiques religieuses et, à l'insu de mes parents qui mangeaient casher, je goûtais, grâce à mes sœurs, au jambon et à d'autres produits non approuvés par la religion juive. L'aînée, Rose, était professeur de français et d'anglais et, chose exceptionnelle à l'époque, elle avait fait ses études et obtenu ses diplômes à Paris et à Londres. Ce qui m'ouvrait de nouveaux horizons.

Le premier jour de la rentrée à l'école communale, un garçon un peu plus âgé que moi me traita de « sale juif ». Je me défendis avec les poings, ce qui lui valut trois semaines d'hôpital et provoqua mon renvoi. Mes parents ne découvriraient que plusieurs semaines plus tard que, au lieu de me rendre à l'école, j'allais jouer au football au pied du Solovan... En vérité, mon frère aîné, qui était revenu pour les vacances de Noël, l'avait appris de mon instituteur qui était son copain.

A Sighet, les différentes « ethnies » cohabitaient, se fréquentaient et s'échangeaient les produits qu'elles avaient à vendre. Les ruraux des environs étaient principalement roumains, mais qu'ils soient de nationalité roumaine, tchèque ou hongroise, et qu'ils soient paysans ou « citadins », les habitants vivaient, pour la plupart, dans la pauvreté. Les femmes du pays avaient coutume de ramasser des framboises sauvages dans les forêts alentour pour les vendre sur les marchés. Et c'est là qu'interviennent les ours dans mon histoire. Tout le monde savait que, lorsque ces femmes se retrouvaient nez à nez avec un ours, elles n'avaient pas peur. Il suffisait de lui donner tout ou partie de la collecte de framboises pour que l'ours se régale, les laisse tranquilles et passe son chemin... On sait que les ours aiment tout ce qui est sucré et, contrairement à ce que l'on dit parfois, ils n'attaquent pas les hommes sans raison. Je n'avais jamais entendu parler d'incident quelconque, ni d'agression de la part d'un ours, ce qui explique certainement, en partie, la sympathie que j'ai toujours éprouvée à leur égard.

C'est à Sighet que sont mes racines. C'est dans les Carpates qu'est né mon rêve d'enfant d'avoir une grande ferme remplie de bêtes. C'est aussi là que j'ai rencontré, pour la première fois de ma vie, un ours. Un matin, sans rien dire à personne, je suis parti seul dans la montagne. Je devais avoir une douzaine d'années. Je voulais voir les ours dont parlaient ces femmes qui, sans le savoir, nourrissaient mon imaginaire. Ma curiosité d'enfant étant affûtée par ce qu'elles racontaient, je voulais approcher les ours, les toucher, leur serrer la main comme s'ils étaient mes copains. Après avoir traîné toute la journée, j'ai aperçu un ours brun, presque à la tombée de la nuit, dans une zone boisée assez clairsemée. La bête ne s'est même pas tournée dans ma direction. Je me trouvais à une distance que, de mémoire, j'évaluerais à environ trois cents mètres. L'ours est parti et, bien entendu, je n'ai pas pu l'approcher. Je croyais savoir que ce n'étaient pas des bêtes féroces ni dangereuses. Instinctivement, je ne voyais pas le monde animal autrement et je continue de penser que l'animal dit « sauvage » est une pure invention de l'esprit humain.

Les prétendues « informations » dont nous abreuvent les médias aujourd'hui sur les ours des Pyrénées qui terroriseraient les brebis me paraissent tout simplement ridicules ! Les ours sont, certes, omnivores, mais ils sont surtout végétariens. Ils mangent de l'herbe, des fruits, des feuillages, même s'il existe quelques petites différences entre les espèces : par exemple, les ours noirs d'Amérique du Nord, les baribals, sont herbivores et surtout frugivores. Il est vrai que, à l'entrée de l'automne, si les réserves qu'ils ont accumulées en mangeant des végétaux s'avèrent insuffisantes, les ours, les femelles en particulier car elles sont gestantes pendant l'hibernation, vont pallier ce déficit en consommant de la viande, donc des animaux, afin de stocker des graisses et des protéines. Au printemps tout le monde quitte les bauges, les petits nouveau-nés voient le jour et le soleil. Mais je voudrais tout de même faire remarquer un paradoxe : alors que, à l'échelon national, on se gargarise avec de belles idées de protection de la faune, l'attitude de nos amis éleveurs pyrénéens donnerait plutôt l'impression que ce genre de sport est bon à pratiquer ailleurs ! Les ours blancs, eux, sont carnivores parce que, dans le Grand Nord, il n'y a pas assez de végétaux. Ils mangent donc ce qui vit sous la banquise. Quant aux grizzlis, kodiaks et autres, ils trouvent leur bonheur dans les rivières en pêchant le saumon sauvage.

Comme les êtres humains, les animaux s'adaptent à leur environnement. C'est aussi la raison pour laquelle les ours hibernent quand il n'y a pas de soleil. Ils emmagasinent des réserves pour les quatre mois d'hibernation, les femelles finissent leur gestation tranquillement et, au printemps, tous sortent de leur tanière. Et les petits naissent.

On pourrait, par exemple, sacrifier quelques moutons vers les mois de septembre et octobre afin de nourrir volontairement les quelques ours que nous souhaitons héberger. Il est fort probable que les ours laisseraient alors les brebis tranquilles.

Mais revenons à Sighet. Je suis rentré, après mon escapade, au beau milieu de la nuit. Je me suis faufilé dans mon lit sans que mes parents m'entendent. Du moins le croyais-je ! Une fois sous ma couette, mon père est apparu dans ma chambre avec une ceinture à la main. J'ai eu droit à une belle raclée et, du haut de mes douze ans, je ne rigolais pas... Je ne lui en ai jamais voulu, même si je considère mon inconscience d'alors comme « relative ». Car, comme la plupart des enfants, je ne mesurais pas les paramètres de la vie à travers ce qu'on me disait ou m'enseignait. J'étais juste un peu « gonflé » d'être parti ainsi en quête des ours, mais les instincts sont là, que l'on ne peut nier.

Il faut dire aussi que j'étais convaincu que tous les ours ressemblaient à celui que je connaissais déjà et que mon oncle, forestier, avait rapporté d'un de ses voyages d'affaires en Indonésie où il se rendait parfois. C'était un ours lippu, avec lequel j'avais fait connaissance et lié amitié dans la maison. J'y allais souvent, probablement poussé par l'envie de le tripoter. Il était pacifique. Il ne savait rien de l'agressivité et vivait comme un animal familier. Perdu de vue, cet ours est resté accroché à ma mémoire...

Ma famille habitait une maison avec une cour, un jardin, une étable et une écurie où, précédemment, étaient logées des bêtes. C'est dans les combles de ce bâtiment que j'avais aménagé ma cachette. Je lisais beaucoup, surtout des livres d'aventures qui me transportaient dans les pays arabes et plus particulièrement dans le désert. Par exemple, l'histoire de Lawrence d'Arabie me passionnait ! Je fabriquais des lances avec des manches à balai (déjà !) et, comme tout aventurier – du moins le pensais-je –, je détenais un petit pistolet à deux canons superposés, dont les balles étaient celles que l'on tire dans les fêtes foraines. Mon index gauche en garde une cicatrice.

Je n'étais pas un enfant facile. J'étais plutôt maigre et dur de caractère. J'ai appris très tôt à me défendre contre les autres, et contre l'antisémitisme qui régnait partout. Cela explique peut-être ma propension à être toujours du côté des faibles, ou de ceux que l'on considère comme tels. J'avais créé ma petite bande et nous faisions la guerre aux antisémites du coin. J'étais en réaction contre la société locale dont je n'acceptais pas les données ni les soi-disant « vérités ». Je devais faire ma propre expérience et, très jeune, je me suis opposé aux adultes. Je refusais, par exemple, que l'on traite les juifs comme on les traitait alors. Mon meilleur ami était le fils du préfet du département. Il s'appelait Mihaly Peter, était catholique pratiquant et habitait la maison contiguë à la nôtre. Je ne voyais pas de différence ni de lien impossible entre nous deux. Nous étions très liés par une amitié pure, dépourvue de tout élément négatif.

Je n'ai pas changé. Je suis toujours en réaction contre la bêtise. Disons que je n'ai cessé d'être en quête du *vrai*. Je veux comprendre et, si possible, améliorer les choses, quand j'en ai les moyens ou la compétence. La politique du « moins pire » ne me satisfait pas. A ce propos, les ours m'ont beaucoup appris. Ils m'ont plus tard fait réfléchir sur les animaux en captivité. La peur des bêtes dites « sauvages » et, en même temps, la curiosité des hommes leur ont fait construire des cages horribles et donner des conditions d'existence inacceptables. Quand je pense à l'admiration et à l'attachement que l'on peut éprouver pour ces bêtes, je n'arrive pas à comprendre ni à m'expliquer ces défaillances.

Mais retournons à mes moutons.

Coup de téléphone. « J'ai un ours brun qui m'inquiète un peu, disait la voix. Si vous passiez par là un de ces jours, peut-être pourriez-vous venir jeter un coup d'œil. » J'avais posé quelques questions sur l'ours et sur l'état dans lequel il se trouvait, et j'avais suivi mon vieil instinct qui me disait de ne pas attendre *un de ces jours*... J'ignorais, à ce moment, la localisation exacte du parc zoologique de Thoiry, mais j'avais répondu au téléphone que j'y serais dans l'heure qui suivait. Et je suis parti aussitôt. C'était en 1967, date de mon premier contact avec son créateur, le vicomte Paul de La Panouse.

Dès mon arrivée, on m'avait conduit à la fosse aux ours qui représentait une installation considérable, construite avec des tonnes de béton ! A l'intérieur, il y avait six ours : deux blancs, deux bruns et deux noirs à collier – des himalayas. Il s'agissait de trois « variétés » très distinctes de la même « espèce », car leurs terres d'origine leur avaient forgé des morphologies et des comportements alimentaires et relationnels – avec l'homme ou leurs environnements – très différenciés. Est-ce que cela ne faisait pas du vilain, de temps en temps ? En effet, me dit-on, il y avait des coups de pattes et des coups de dents. L'ours malade était affalé, la bouche ouverte et les bras écartés. Il bougeait à peine et poussait spasmodiquement des grognements. Il était visiblement encore plus mal que je ne le pensais. Je suis entré dans la cage, malgré les protestations du responsable, Nicolas le garde-chasse, qui avait refusé de me donner la grande clé de la porte, et j'ai placé mon ours sous perfusion. Pendant le goutte-à-goutte, je l'ai examiné et j'ai fini par trouver, du côté du dos, des traces d'écorchures ou de blessures en voie de cicatrisation.

Malgré mes soins, l'ours est mort trois jours plus tard. L'autopsie révéla de graves lésions hémorragiques au rein droit. La mâchoire qui les avait causées avait provoqué un écrasement interne, ce qui donne une idée de sa formidable puissance...

J'avais perdu la partie, mais j'avais fait le maximum. Aussi ai-je été associé à une réflexion sur les moyens d'empêcher que ne se reproduise un tel incident. Comment faire pour que ces ours ne s'entretuent pas ?

Dans la nature, le plus faible peut prendre la fuite, ce qui n'est pas le cas dans une fosse fermée. Plusieurs méthodes avaient bien été envisagées pour refréner l'humeur combative des ours : le jet d'eau sous forte pression, par exemple. Mais après un instant d'étonnement, l'ours batailleur n'en tenait plus compte. On avait aussi pensé à une perche, assez longue pour atteindre l'ours, au bout de laquelle était fixée une pièce métallique où passait un courant électrique. Mais l'ours se secouait un peu, s'éloignait un moment et revenait à la charge.

Nous étions en présence d'un problème de zoo typique, qui faisait émerger une multitude de questions concernant la captivité et ses conditions. Il nous paraissait inconcevable de sacrifier les intérêts des bêtes à ceux du public ! Dans mon esprit, l'événement que représentait la mort de cet ours brun mettait en cause la nature humaine de même que l'évolution des hommes et des animaux dans le monde. Pourquoi ne sauvegarder que la dignité des premiers ?

A la suite des mesures prises, consistant surtout à ne laisser sortir de leurs cages, à tour de rôle, pour la promenade et la baignade dans la grande fosse, que les bêtes de même espèce, la situation s'était améliorée. Les ours à collier avaient quand même dû être retirés du groupe. Peu à peu, les ours bruns et les ours blancs avaient fini par apprendre à vivre ensemble. Plus tard, ils avaient même fait des petits bicolores...

En travaillant pour les zoos, un instinct vital, suivi d'une réflexion profonde et continue, m'a toujours poussé à rechercher les meilleures conditions possibles pour les bêtes dont j'avais à m'occuper. Par exemple, une ourse du Jardin d'Acclimatation m'avait aussi permis d'avancer dans ma réflexion. Le soigneur des bêtes, qui s'appelait Fritz, avait l'impression que l'ourse s'était fait saillir par son compagnon. Il n'en était pas sûr à cent pour cent, car il n'avait pas vu l'accouplement. Les ours sont très discrets, dans ce domaine... Mais il était inquiet. Si l'ourse avait mis bas, où étaient passés les petits pendant toutes ces années ?

On sait que les ourses se font saillir au printemps et qu'elles mettent bas à la fin de l'automne ou au début de l'hiver. Pour la mise bas, il faut que l'ourse soit parfaitement cachée, à l'abri du bruit, de la lumière, de tout contact extérieur. Tout ce système s'organise de lui-même autour de la protection contre les prédateurs des bébés à naître. La mère vit ainsi avec ses oursons qu'elle allaite, tandis qu'elle jeûne jusqu'au printemps, époque à laquelle tous sortent de leur refuge. Si l'ourse est dérangée dans son hibernation, elle tue ses petits, mangés par elle-même ou par les mâles.

Voilà pourquoi Fritz n'avait jamais vu de petits... L'habitat des ours n'offrait pas les conditions permettant à la mère de garder sa progéniture. Cet échec de la vie ne me satisfaisait pas du tout. J'avais envie de faire naître un ourson autour de ce rocher désolé... Avec un peu d'imagination, beaucoup de persévérance, quelques bottes de paille, des planches et une bâche, on avait réussi à créer les conditions de l'hibernation et de mise à l'abri. Et, un beau jour, Fritz m'a annoncé la naissance d'un ourson...

D'ours blancs en ours bruns, les problèmes des zoos allaient prendre une place considérable dans ma vie. Et mon intérêt pour les animaux dits « sauvages » n'a fait que se confirmer au fil des ans. C'est à Sighet qu'il est né, lui aussi. Et c'est à Sighet que j'ai compris que le monde était fait d'injustices, que la vie était un combat et que les bêtes valaient souvent mieux que les hommes. C'est loin de Paris que j'ai appris à aimer les animaux et, aussi extraordinaire que cela puisse paraître, la France. Pour nous, la France était le « Far West européen » et Napoléon Bonaparte un libérateur. Dans notre esprit, cet homme avait importé les idées de liberté et, dans une certaine mesure, de démocratie. Les Roumains étaient imprégnés par l'Antiquité romaine, Trajan, César, etc., leur langue latine l'exprime. Mais les Hongrois, comme les Roumains et tous les autres nationaux d'Europe centrale étaient tournés vers la France, pays des Lumières.

En 1937, je partais vers le pays de mes rêves, où se trouvaient mes frères aînés. Déjà, me semblait-il, mon cœur ne battait plus que pour ce pays. L'avenir et la suite de mon existence démontreront mon attachement indéfectible. Je suis convaincu que la majorité d'entre nous étaient, et sont toujours, prêts à n'importe quel sacrifice pour cette terre d'accueil.

Parti tout seul, je suis arrivé à Paris avec *ça* dans ma « valise »... Je ne me souviens que de mon arrivée sur le quai de la gare. Le voyage avait été plutôt long, les vitesses n'étaient pas les mêmes qu'aujourd'hui...

6

Une attitude authentique

Si les animaux m'ont toujours accepté – et s'ils m'acceptent encore – c'est que, je le suppose, je suis *authentique.* On me l'a souvent dit, j'ai fini par le croire... Je suis comme les bêtes. Je suis une bête parmi d'autres. Instinctivement, naturellement, ni dans mon conscient, ni probablement dans mon subconscient, il ne me venait à l'esprit de me sentir différent des bêtes, et encore moins supérieur à elles ! Ce n'est pas en termes de supériorité ou d'infériorité que je décrirais les liens qui existent entre les animaux et moi. A ce propos, je préfère le mot « bête » à celui d'« animal ». Quand on dit « bête », on fait référence à quelque chose de solide et de concret, à une réalité que l'on peut non seulement concevoir, mais aussi toucher. « Animal », c'est déjà une abstraction. Aussi, est-ce la raison pour laquelle j'ai choisi d'intituler mon premier livre *Ces bêtes qui m'ont fait homme.* D'ailleurs, les paysans disent « les bêtes » quand ils parlent de leurs vaches ou de leurs cochons. Et lorsqu'ils utilisent le mot « animal », c'est pour réagir, par exemple, de la manière suivante : « Qu'est-ce qu'il a encore fait comme connerie, cet animal de Jules ? »

Je ne peux faire autrement qu'être authentique, moi aussi, face à des êtres vivants dont la principale caractéristique est – précisément – *l'authenticité*. Souvent, l'homme pense une chose, il en dit une autre et fait une troisième. La bête, elle, pense, exprime et fait la même chose. Elle agit sans arrière-pensée ni mensonge. Cohérente avec elle-même, elle ne travestit jamais – ou alors exceptionnellement – la vérité. Prenons-en de la graine !

L'animal est *vrai* et ça me plaît. C'est ce que nous devrions tous admirer ou, mieux encore, c'est ce que nous devrions tous être. Heureusement, mes instincts initiaux étaient purs et sans taches. Il faut le croire, car ce n'est qu'aujourd'hui que je réalise – *a posteriori* – que c'est en étant le plus *vrai* possible, c'est-à-dire en restant moi-même, que je suis parvenu à exercer ma profession comme je l'ai fait. Sans une véritable relation de confiance entre les bêtes et moi, je n'aurais pas vécu tous ces moments fabuleux et je ne leur aurais pas été d'un grand secours.

J'avais soigné un tigre qui avait une fracture du doigt. C'était un sibérien. Il pesait au moins trois cent cinquante kilos ! Je lui avais fait plusieurs injections et il ne disait rien. Certaines étaient relativement volumineuses et de consistance huileuse, provoquant sans aucun doute une douleur locale. Quand je le piquais, le creux de ma main gardait l'empreinte du piston de la seringue de vingt ou de cinquante millilitres... C'est dire que l'animal était vraiment de bonne composition pour ne pas me « gifler » ! Il me donnait sa patte sans broncher, il avait manifestement confiance en moi.

Toute relation est fondée sur la confiance. J'en ai fait mon éthique. J'ai même conçu une loi, à usage personnel, que je tente de respecter autant que possible dans mes actes – aussi anodins soient-ils – de la vie quotidienne. Cette loi est très simple. Elle comporte deux articles :

– Article 1 : 1 kg = 1 000 grammes ;

– Article 2 : la confiance, c'est comme la virginité, on ne la perd qu'une seule fois.

Le premier article signifie que, dans la vie, ce serait mieux de ne pas tricher. Si vous allez acheter un kilo de pommes de terre et qu'on ne vous en donne que 998 grammes pour le prix du kilo, on vous a volé deux grammes. Ce n'est pas grand-chose – sur des tonnes, ça finit par chiffrer – mais c'est le principe qui est significatif ! On ne triche pas, même d'un gramme ou deux, sinon on s'éloigne déjà de la vérité. L'authenticité, c'est d'abord et avant tout l'absence de mauvaise foi, de mensonge et de malhonnêteté. En fait, c'est le contraire de ce qui se passe avec les textes législatifs qui sont contournés, récupérés, transgressés, contredits par d'autres textes du même acabit.

Le second article est très explicite : une fois perdue, la confiance ne se retrouve pas. On n'a aucune chance de la récupérer ni de « rattraper le coup », si j'ose dire. Pas de marche arrière possible, d'où une vigilance de tous les instants et une vraie rigueur par rapport à soi et aux autres. La législation anglo-saxonne est un peu basée là-dessus : on admet d'emblée que « votre kilo est égal à 1 000 grammes ». Toutefois, si vous avez menti, on vous tape copieusement sur les doigts. On part du principe que vous ne trichez pas et on vous fait confiance. Il faut parfois des années pour gagner cette confiance, mais une seconde suffit pour la perdre ! Pour en revenir aux médecins des bêtes – et des hommes, d'ailleurs –, c'est pareil : il nous faut vingt ans pour faire nos preuves, vingt ans pour qu'on nous fasse confiance. Il suffit d'une seule erreur pour qu'elle nous échappe définitivement, ce qui signifie qu'on doit être à la hauteur tout le temps.

Si on appliquait ma petite législation au pied de la lettre et en toutes circonstances, on pourrait fermer le Palais-Bourbon et le transformer en musée ou en maison de campagne...

Qui dit confiance dit communication. Celle qui s'établit entre les bêtes et les hommes est une source intarissable de connaissances qu'il ne faut pas négliger. Nous avons tant à apprendre d'elles ! Par exemple, l'homme découvre la tolérance en observant et en côtoyant les animaux. L'image qui me vient à l'esprit est celle des plans d'eau en Afrique, où les zèbres, les gnous, les lions, entre autres, se désaltèrent côte à côte. Vivre avec et auprès des bêtes ouvre sur le monde. On regarde l'autre, on l'écoute, on cherche à le comprendre, on répond, on attend, on agit et réagit, etc. En s'intéressant aux autres, on apprend beaucoup sur soi ! On est à la fois observateur et acteur, on a de l'attention et de l'affection pour eux, on tisse des liens. C'est l'apprentissage de la sociabilité, c'est-à-dire les fondements mêmes de la vie.

Quand je pense aux bêtes, c'est-à-dire à peu près tout le temps, deux mots me viennent à l'esprit : beauté et bonté. Si la présence des bêtes m'est bénéfique, primordiale, voire vitale, elle l'est aussi pour tout le monde. La communication inter- et intra-espèces est bien plus qu'intéressante : elle est nécessaire. C'est ce qu'on pourrait appeler *l'arbre de la vie.* Plus on est en contact avec les bêtes, plus on saisit que notre vie est liée à la leur. Etre attentifs à leur sauvegarde, ne l'oublions pas, c'est aussi préserver la nôtre.

Il y a plus d'un demi-siècle, je parlais déjà de la relation entre les hommes et les bêtes. On a souvent eu tendance à ne souligner que ce qui nous opposait. J'ai toujours été attaché à ce qui nous rapprochait, à l'union des hommes et des bêtes dans la nature. Depuis longtemps, j'ai adopté la pensée du biologiste Jean Rostand : « L'une des choses que je crois avec le plus de force, écrit-il, l'une des rares dont je sois à peu près sûr, c'est qu'il n'existe, de nous à l'animal, qu'une différence de plus ou de moins, une différence de quantité et non point de qualité : c'est que nous sommes de même étoffe, de même substance que les bêtes (...). » Je suis convaincu que l'homme et la bête sont faits de la même *étoffe*, c'est-à-dire de la même matière. En me fondant sur les connaissances acquises au cours de ces dernières décennies, imprégnées de génétique, je suis tenté d'affirmer que seules certaines dispositions de gènes, d'acides aminés ou de quelques molécules aboutissent à la différenciation.

Pendant des siècles, sinon des millénaires, on a établi une séparation entre les hommes et les animaux, en attribuant une âme aux premiers et pas aux seconds. Je me souviens d'avoir discuté longuement de cette question – pendant deux ou trois années consécutives – avec un abbé de l'archevêché de Paris, qui officiait à Notre-Dame. Il venait régulièrement aux réunions de l'Association de protection des bêtes d'abattoir, fondée par Mme Gilardoni dans les années 60. J'en faisais partie dès l'origine. Pourquoi les animaux n'auraient-ils pas d'âme ? Pourquoi ne leur accorderait-on pas ce dont on affuble les hommes ? Dans mon esprit, si les uns possédaient une âme, alors il était évident que les autres en avaient une aussi... Mais la première question à se poser est la suivante : qu'appelle-t-on l'*âme* ? Qu'entendons-nous – et que sous-entendons-nous – par ce terme dont la dimension est purement spirituelle ?

J'ai fini par faire légèrement plier mon interlocuteur. Il était assez d'accord sur l'aspect abstrait, difficile à définir, de ce que pouvait représenter une *âme*. Pour moi, l'âme n'est rien du tout. Et si la bête n'en a pas, alors l'homme non plus. C'est mon côté mécréant qui s'exprime là. Je pense que nous sommes tous des êtres vivants et que nous sommes constitués d'une façon comparable, avec les mêmes matières de base. Et c'est justement parce qu'il existe *« cette solidarité, cette continuité entre le règne animal et ce canton humain »*, comme le dit encore Jean Rostand, que je peux affirmer avec reconnaissance que ce sont les bêtes, autant que les hommes, qui m'ont fait ce que je suis : un homme. Il existe une interaction entre nous. Les hommes n'existeraient pas sans les bêtes.

Pour se rendre compte à quel point l'animal est ancré dans le conscient et aussi le subconscient des êtres humains, il faut observer l'attitude des enfants avec les bêtes de toutes sortes. La réaction particulière d'enfants ou adolescents dans un état pathologique grave, avec souvent la perspective d'une issue fatale, est assez significative.

L'association Arc-en-ciel, située en Savoie, parrainée par Nicolas Hulot et Sophie Marceau, et dirigée par M. et Mme Mesme, s'est donné pour mission d'aider à satisfaire les souhaits majeurs, sinon exceptionnels, d'enfants ou adolescents grands malades, souffrants et en fin de parcours. Ainsi, il m'est arrivé à plusieurs reprises d'avoir à faciliter ce genre de demandes. Une petite fille de onze ans avait exprimé le souhait de tenir dans ses bras un tigre. Nous avons donc organisé une sortie jusqu'à Saint-Aignan, près de Châteauroux, dans l'Indre, où elle a joué et tenu dans ses bras le premier petit tigre blanc né dans un parc zoologique en France. Il fallait voir le bonheur exprimé par cette enfant ! Cela valait toute une vie. Nous étions tous très émus, au bord des larmes. Une autre fois, un garçon âgé d'une quinzaine d'années a fait le voyage en ambulance depuis la région grenobloise jusqu'en Sologne, six cents kilomètres à l'aller et autant au retour, où il a pu jouer et passer une matinée avec un jeune tigre de huit mois, apprivoisé, qu'il a tenu dans ses bras. Ces enfants expriment un désir peu ordinaire alors qu'ils n'ignorent pas qu'ils vont quitter ce monde à plus ou moins brève échéance. Il me semble que l'analyse de ces observations permet de confirmer le lien très étroit qui unit nos consciences à la bête.

Discuter de la matière et des êtres vivants, c'est parler de la vie. Encore un mot bien difficile à définir ! Comme je n'ai pas l'intention de faire de la science – et encore moins de la science-fiction –, je dirai simplement que tout se rejoint, l'infiniment petit et l'infiniment grand, l'atome et l'univers. L'atome, qui n'est pas tout à fait l'infiniment petit mais presque, est en quelque sorte une représentation de l'univers, c'est-à-dire une image de l'infiniment grand. Tout est construit d'une façon identique, tout est constitué d'atomes et, autour du noyau, d'électrons. Des molécules se forment et c'est leur assemblage qui produit la matière vivante : la vie !

Que se passe-t-il lorsqu'un être vivant, que j'appellerai « nouveau venu », vient au monde ? Le point de départ n'est-il pas la naissance, pour les hommes comme pour les bêtes ? Imaginons donc la naissance d'un nouveau venu appartenant à n'importe quelle espèce, qu'elle soit végétale, animale ou, en grimpant dans l'échelle zoologique et en arrivant jusqu'à nous, humaine. Je pense d'ailleurs que l'expression « espèce humaine » n'est pas toujours appropriée, car elle est, la plupart du temps, non méritée. Il serait plus juste de se rapporter à sa valeur sémantique et de parler de l'espèce animale que nous baptisons de l'épithète « humaine ».

En venant au monde, la première obligation pour notre nouvel arrivant est de vouloir vivre. Il me paraît impossible de dissocier la vie de cette nécessité de vivre : c'est la volonté d'exister du nouveau-né qui définit la vie. Chaque cellule est conçue pour subsister et, sans cette inscription (ou héritage génétique), une cellule, à peine conçue, serait fichue. Comme en mathématiques, il faut partir du postulat suivant : la vie est inséparable de l'instinct de survie qui l'anime. Elle est, par définition, un combat. Et nous n'avons d'autre choix que de lutter pour exister, que nous soyons homme ou bête. Telle est la loi de la nature, tel est le point de départ de la vie sur Terre.

A titre d'exemple, le cas des marsupiaux est une illustration vivante de cette obligation de la lutte pour la vie. Précisons d'abord que les marsupiaux démontrent aussi la progression dans l'évolution et la hiérarchisation des espèces animales au cours des millénaires : en effet, ils sont restés sur le continent australien et n'ont pas été détrônés par les mammifères supérieurs qui ont occupé les autres continents. Ils ont continué à vivre au niveau où ils étaient, au moment de la rupture tectonique des continents. Par exemple, ils sont monophyodontes, c'est-à-dire qu'ils n'ont pas de dents de lait. Leur denture jeune est définitive. Seule une prémolaire restée en réserve apparaît à un certain âge. Un autre caractère primitif est observé au niveau des organes génitaux : les marsupiaux possèdent deux oviductes distincts qui se rejoignent dans leur partie terminale et forment un vagin double, séparé par une cloison. Et les femelles gardent leurs œufs dans l'utérus jusqu'à l'éclosion. Entre parenthèses, il est à noter que les monotrèmes, mammifères ovipares qui diffèrent des marsupiaux, représentent une classe particulière dans l'échelle zoologique : ils ont un cloaque et un bec, ils pondent des œufs et allaitent leurs petits, leur corps est couvert de poils.

Mais revenons à nos marsupiaux. Les deux oviductes sont indépendants l'un de l'autre, chacun gardant son propre renflement utérin. Chez les mammifères supérieurs (les placentaires), l'embryon est nourri par la mère au travers du placenta et du cordon ombilical. Chez les marsupiaux, l'œuf se nourrit de ses propres réserves et d'une sécrétion muqueuse qui le maintient accolé à la paroi utérine. Faut-il qu'il ait vraiment envie de vivre pour y arriver, car le combat que l'embryon doit mener pour survivre est incroyable !

Sous-alimenté, il vient au monde dans un état prématuré. Son développement est si peu avancé que, normalement, il ne pourrait pas poursuivre son existence dans ces conditions. Chez les kangourous, les plus grands, la taille de l'embryon est à peine celle d'une noix. Chez d'autres, celle d'un haricot. Pour que la vie continue, la gestation doit se poursuivre dans la poche marsupiale. Chez la femelle kangourou, la poche marsupiale est naturellement bien développée. Dirigée vers l'avant, elle contient quatre tétines dont deux seulement sont, la plupart du temps, actives et donnent du lait. Après trente ou quarante jours de gestation utérine, la mère met bas un petit. Comment l'embryon, qui est aveugle et sourd (ses organes sensoriels n'étant pas encore formés), parvient-il jusqu'à la poche marsupiale ? Pendant plus de cent ans, on s'est posé la question... Ce n'est que récemment qu'on a pu observer – et même filmer – les mouvements de reptation de l'embryon. C'est grâce à ses pattes antérieures bien formées, munies de griffes aux cinq orteils séparés, qu'il y parvient, guidé par son odorat. Arrivé aux mamelles, il s'en saisit et reste accroché fortement à l'aide de sa musculature buccale. Afin de lui permettre de respirer, alors qu'il est en position de déglutition quasi permanente, le larynx est prolongé par un tube jusque dans les fosses nasales. « La nature est bien faite » est une expression qui revêt ici tout son sens...

Le séjour de l'embryon dans la poche dure environ deux cent trente-cinq jours chez le kangourou roux. Son poids sera de deux kilos quand il la quittera. Mais il y retournera pour rechercher la mamelle nourricière, de temps en temps. La mère le nettoie avec ses lèvres et garde la poche ouverte avec ses mains.

Quelques chiffres : environ 20 % des kangourous roux continuent à nourrir un jeune qui se promène librement, alors qu'un autre est déjà en gestation. Et plus de 75 % des embryons qui viennent au monde meurent en cas de sécheresse. Il est intéressant de savoir que, en ce qui concerne la femelle fécondée peu après la naissance, le développement de l'embryon s'arrête dans l'utérus. Constitué d'une centaine de cellules, il ne reprendra sa route qu'au moment où celui qui est dans la poche ventrale meurt ou devient autonome. C'est ainsi que, quatre semaines plus tard, la mère peut mettre bas un autre nouveau venu, sans accouplement préalable. Disons qu'il n'y a pas de ralentissement en cas de crise...

L'exemple des marsupiaux est intéressant, car, sous peine de disparaître avant même de naître, ils n'ont d'autre choix que de mener cette lutte pour la vie à laquelle sont plus ou moins confrontés tous les êtres vivants de la planète.

Les hommes et les bêtes sont dotés du même instinct de survie dès la naissance. C'est ce combat, que nous devons mener les uns et les autres, qui nous rapproche. En un mot, c'est la vie qui nous unit. Mais ce qui a changé, au point de nous opposer souvent, c'est notre comportement, notre attitude face à la vie, justement. En déconsidérant les bêtes, l'homme s'est éloigné de l'authenticité que j'évoquais précédemment. Il est vrai qu'il ne donne pas souvent le bon exemple !

Les animaux n'ont pas de mauvais instincts. Peut-on en dire autant des hommes ? Je l'ai déjà affirmé cinquante ans auparavant, je persiste et je signe : le seul animal sauvage, au sens péjoratif du terme, c'est l'homme.

Je n'ai pas tourné ma veste, je n'ai changé ni de croyance ni de politique : les faits vécus et ceux observés me confortent tous les jours dans l'idée que l'homme est un animal sauvage. Je suis encore bien bon d'attribuer l'appellation « animal » – même sauvage – à cette soi-disant espèce « humaine »... Quand je compare tous les mammifères que j'ai eu l'occasion de fréquenter et d'apprendre à connaître, je pense aux multiples turpitudes du cerveau humain. Dans ces moments-là, j'ai tendance à revenir vers mes années de jeunesse, à me souvenir avec naïveté de Tarzan et à croire sérieusement que toutes les bêtes sont bien meilleures que les hommes.

Il n'existe pas d'animal méchant. Une bête ne devient féroce que lorsqu'on l'attaque. Elle se défend, comme on le ferait tous, et elle n'attaque que pour satisfaire ses besoins physiologiques. L'image des plans d'eau en Afrique, déjà évoquée plus haut, est parlante. Où est la sauvagerie dans tout cela ? J'ai mijoté pendant toute mon existence dans la pensée qu'elle était du côté des hommes. Aujourd'hui, cette pensée est une réalité, sinon une certitude... Au contact des bêtes – je n'ai cessé de l'éprouver –, c'est le meilleur de nous-mêmes qui se fait jour. Nous retrouvons nos instincts les plus naturels et les plus sains, nos *bons* instincts animaux.

Par conséquent, en tant qu'être humain et en tant que professionnel, j'ai toujours attribué une vraie considération aux bêtes. Je n'oublierai jamais la réaction de mes parents, quand je leur ai écrit, pendant la guerre, que je voulais être vétérinaire : ils croyaient que je plaisantais ! Dans ces années-là, on traitait de vétérinaires les mauvais médecins... Mais j'étais sérieux. Mon histoire personnelle avait sans doute déjà eu une influence sur ma pensée.

Quand j'ai commencé à exercer comme vétérinaire, j'ai sûrement copié l'attitude de mon frère Jean qui était un médecin très consciencieux. Il approfondissait chaque cas, aussi insignifiant soit-il. Je pourrais le comparer à un fox à poil dur à la chasse aux sangliers : lorsqu'un fox s'accroche au fanon du sanglier, il ne le lâche plus. Mon frère était pareil : il ne lâchait le problème que lorsqu'il l'avait résolu. J'ai suivi le même chemin. Chaque fois que j'avais affaire à une bête, que ce soit un chien, un chat, un cheval ou un tigre, j'avais l'attitude du « bon médecin » à l'égard de son malade. Du moins ai-je toujours essayé... Depuis le premier jour, je pars du principe que les animaux méritent le même traitement que n'importe quel patient humain.

Je ne me contentais donc pas seulement d'appliquer ce qu'on m'avait enseigné, je voulais trouver la solution. Je cherchais à comprendre, je voulais savoir, j'approfondissais la question, je fouillais. A l'époque, je n'avais pas de confrères à interroger, excepté Pierre Baude, mon aîné de deux ans à l'école vétérinaire de Toulouse. D'origine martiniquaise, il était l'un des numéros 1 dans la médecine du cheval et autres animaux de ferme. Il avait une philosophie similaire à la mienne : notre objectif était de résoudre le problème, d'approcher un diagnostic et de trouver la thérapeutique adéquate. J'ai effectué mon premier stage de formation chez lui en 1948, à Montoire-sur-Loir, dans le Loir-et-Cher. Pour les fermiers, je n'étais ni son « assistant », ni son « adjoint » : je n'étais que le « commis » du vétérinaire. D'ailleurs « aide » était le terme généralement appliqué par les praticiens de l'époque.

Quelques années plus tard, en 1955, j'ai retrouvé Pierre Baude à Souligné-sous-Ballon, dans la Sarthe. Appel téléphonique à 2 heures du matin. « Poulinage urgent. » Juste ce dont j'avais le plus peur... D'abord, parce que c'était une première pour moi, qui redébutais. Cela faisait plus de six ans que je bourlinguais sur les cinq continents et que je n'avais guère pratiqué la médecine vétérinaire. Ensuite, parce que je donnais une valeur presque sacrée au poulinage, que je considérais comme l'un des actes les plus difficiles du métier. Je m'étais préparé vite fait et j'étais parti. Une situation impressionnante m'attendait. A la ferme, toute la famille était là, comme d'habitude dans ces circonstances. Mais il y avait trois grands gars en plus, que le fermier me présenta. Des hommes d'expérience, visiblement, aux manches retroussées. Il s'agissait de trois « empiriques » qui avaient tenté d'intervenir auprès de la jument, en vain... Les empiriques étaient des gens non diplômés, qui soignaient les animaux. On les appelait aussi les « châtreux » (de châtrer, c'est-à-dire castrer). Ils étaient issus du milieu rural et connaissaient bien les bêtes. Ils avaient plus de clientèle que les vétérinaires, car on leur faisait confiance. C'étaient les rebouteux du monde animal, en quelque sorte... Dans la Sarthe, sur le territoire théorique de la clientèle de Pierre Baude, on en comptait à l'époque une bonne dizaine.

Pour en revenir à notre histoire, on s'était tous dirigés vers la bête qui était debout. Un homme se tenait à sa tête, et un autre lui soulevait un pied de devant afin qu'elle ne rue pas. Je m'étais mis en tenue de travail – torse nu ! – et j'avais désinfecté et huilé mon bras droit. Puis j'avais exploré les voies génitales, le bras enfoncé jusqu'à l'épaule. Les onze personnes présentes m'observaient avec réserve, sans mot dire, pendant que je palpais le poulain dans le ventre. La jument ne cessait de pousser pour l'expulser. Chaque contraction m'écrasait et m'immobilisait le bras et la main contre son pubis. J'avais fini par comprendre ce qui se passait. Normalement, le poulain sort la tête et les membres en avant, comme un plongeur. Celui-ci avait la tête de côté et retournée vers l'arrière, une tête qui, en outre, me paraissait beaucoup trop grosse. Un des antérieurs était replié. J'avais essayé de le redresser, mais l'articulation du genou était bloquée. L'autre genou était aussi incurvé et coincé. Nous avions affaire à un poulain anormal et pas viable. Ma priorité était donc de sauver la mère à tout prix.

En 1955, une césarienne était impensable, car l'anesthésie générale d'une jument ne pouvait se pratiquer de façon satisfaisante dans une telle situation. Chez le cheval, on sait que le péritoine est particulièrement sensible et que la moindre souillure provoque une infection fatale. Pour sauver la jument, je n'avais d'autre choix que l'embryotomie, qui consistait à extraire le poulain en le découpant.

Première chose à faire : une anesthésie régionale. C'était un geste délicat qui dépassait la compétence d'un empirique. Il s'agissait d'une anesthésie épidurale, c'est-à-dire une injection dans l'espace sous-arachnoïdien, à la base de la queue, non pas dans la moelle mais dans le canal médullaire. J'avais donc injecté une bonne dose de novocaïne, afin que la matrice soit bien relâchée, et j'avais poursuivi mon travail couché dans la paille, comme la jument... J'avais fait pénétrer une scie fil dans un tube (appareil de Thygessen) à l'intérieur de la matrice. La scie fil est un câble coupant avec des aspérités. Deux poignées, restées à l'extérieur, permettaient la manœuvre de va-et-vient. Un tiers les tenait pendant que je plaquais tant bien que mal la scie dans l'utérus. C'était non seulement une épreuve d'adresse, mais aussi de force ! Une fois la scie en place, j'avais sorti mon bras et j'avais scié avec les deux poignées. J'avais coupé une épaule et pu ainsi sortir un des membres antérieurs. J'avais alors sectionné les vertèbres cervicales, mais, une fois détachée, la tête ne venait toujours pas. Le poulain était hydrocéphale. Il fallait donc la couper dans le sens sagittal, c'est-à-dire dans le sens de la longueur. Même difficulté pour le bassin du poulain, lui aussi trop gros. Ce fut extrêmement difficile et exténuant, mais j'étais parvenu à tout extraire. Après avoir détaché et enlevé le « délivre », j'avais vérifié qu'il n'y avait pas d'hémorragie et que le vagin, le col et la matrice n'avaient pas été endommagés. Pour adoucir les muqueuses, j'avais introduit une bonne ration de gel antiseptique, ainsi que des gélules antibiotiques. C'était terminé. Il était 5 heures du matin... Le casse-croûte nous attendait dans la cuisine. Tout le monde se détendait, parlait et souriait autour de la grande miche de pain, de la charcuterie, du fromage, du calva et des bouteilles de rouge. La bonne humeur régnait. J'étais accepté parmi eux, comme vétérinaire à part entière.

Par la suite, en chirurgie, j'avais fini par comparer mon attitude à celle d'un général de corps d'armée, qui disposait ses troupes mais n'engageait la bataille qu'après avoir défini deux plans d'attaque et trois plans de repli. J'étais souvent confronté à des cas hors de l'ordinaire, je ne pouvais donc pas me lancer tête baissée dans une aventure dont l'issue serait problématique. J'acceptais sans hésiter de m'en occuper et, pour aller au fond des choses, j'avais une stratégie quasi militaire. Mon champ opératoire se transformait en un véritable champ de bataille, dans le bon sens du terme.

L'initiative du chirurgien est primordiale : on peut avoir des surprises per-opératoires et, si on est incapable d'y faire face sur-le-champ, la panne peut coûter cher... Cette politique extrêmement rigoureuse m'avait amené, dès mes débuts de praticien, à connaître la plupart des laboratoires d'analyses à Paris. Dans les années 50, je n'avais connaissance d'aucun vétérinaire qui effectuait des analyses de sang. En fonction de la considération que j'attribuais à mes patients, il me semblait devoir acquérir un maximum de paramètres d'informations. Sans hésiter, je faisais faire ces analyses aux malades dont la pathologie l'exigeait. De façon instinctive, je sentais que les bêtes devaient avoir droit, de la part de leur médecin, à une attitude similaire à celle du médecin des hommes.

Le jour qui avait suivi mon intervention auprès de la jument, une autre épreuve m'attendait. Cette fois, c'était une vache qui était prête à mettre bas. Elle ne mangeait plus. Le propriétaire de la petite exploitation, qui comptait huit vaches et deux chevaux, était inquiet. Quelque chose n'allait pas.

En auscultant la vache, j'avais constaté un léger œdème au fanon, ce grand pli de peau qui va de la gorge jusqu'à la poitrine. Une difficulté cardiaque ? Auscultation, puis percussion. Cela ne se faisait pas avec deux doigts, comme pour un être humain. J'avais enfoncé mon poing sous la dernière côte à gauche, en l'appuyant avec mon genou. La vache avait mugi : elle avait mal. C'était très probablement un clou ou un fil de fer qui se promenait du côté du cœur. Elle avait pu l'avaler plusieurs semaines auparavant. La croissance du veau avait comprimé l'estomac vers l'avant. Les mouvements de rumination à l'intérieur de la panse avaient entraîné le fil de fer – ou la pointe – vers la partie avant gauche de l'estomac. Ce dernier avait fini par se percer, d'où une péritonite localisée.

Normalement, le clou allait continuer à progresser vers le cœur, provoquant une péricardite suivie d'une lésion mortelle. Il fallait faire une gastrotomie d'urgence. C'était une opération majeure, mais fort de ma réussite de la veille j'étais parvenu à convaincre – non sans difficulté –

mon patron, Pierre Baude, de me faire confiance : j'opérerais l'animal.

J'arrivai à la ferme le lendemain matin, à 8 heures. J'étais accompagné par Monique, une amie kinésithérapeute qui allait me prêter assistance. Nous avions décidé, la veille, lors d'une répétition du déroulement de l'opération, de donner à cette intervention chirurgicale un style différent : port de blouses blanches et de gants de chirurgie, et surtout application de champs opératoires stériles. C'était une innovation ! Le but n'était pas de jeter de la poudre aux yeux, mais de pratiquer, autant que possible, un maximum d'asepsie. Accessoirement, ces gestes – on s'en est rendu compte, par la suite – rehaussaient la dignité d'une opération sur une bête, en même temps que le prestige du vétérinaire.

J'avais d'abord fait une anesthésie locale, qui consistait en une vingtaine d'injections de xylocaïne sur le tracé de l'incision de vingt-cinq centimètres qui allait être pratiquée sur le flanc, en haut et à gauche, pour accéder à la panse. Puis une anesthésie épidurale, comme pour la jument. J'avais effectué une incision oblique – presque verticale – allant d'avant en arrière, afin de faciliter un drainage éventuel et une cicatrisation plus rapide. La peau était épaisse et dure. Monique me plaquait le bistouri dans la main, comme en salle d'opération. J'avais coupé dans un muscle de trois centimètres d'épaisseur : la bavette. Il s'agissait d'arriver au péritoine, cette fine enveloppe qui recouvre tous les organes dans l'abdomen, sans le décoller. Par cette grande fente, j'avais enfoncé mon bras en entier et, en repoussant la panse, j'avais exploré l'abdomen. Je percevais le veau, de l'autre côté. J'avais tâté le long de la panse, du côté du cœur, et j'avais rencontré des paquets de fibrine.

C'était le signe que j'en approchais. Enfin mes doigts avaient palpé quelque chose : un clou, dont la pointe avait percé la paroi de la panse, mais la tête était restée maintenue à l'intérieur. Le diaphragme avait été perforé et le péricarde (l'enveloppe du cœur) touché, mais la vache avait de la chance. Et moi aussi... J'avais nettoyé et épongé, avec des compresses, l'espace rétrodiaphragmatique entre le bas de la panse, le diaphragme et le sternum, et j'avais ouvert la panse que j'avais nettoyée et vidée à la main. Cela remplissait des seaux et des seaux ! En prenant maintes précautions, j'avais réussi à extraire le corps étranger de l'intérieur, sans omettre de poursuivre ma fouille pour être sûr de ne rien laisser. J'avais recousu le tout, et la vache, sortie d'affaire, avait pu continuer, aussi tranquillement que possible, sa gestation. Quelques semaines plus tard, la ferme familiale comptait une tête de plus...

Lors de l'intervention, mon attitude avait été comparable à ce qui se pratiquait dans les milieux hospitaliers à usage humain. Elle mettait ce bovidé à une place analogue à celle de l'homme. A partir de ce jour, les gens de la ferme avaient commencé à m'appeler « docteur ».

Je repense à ce que j'ai fait il y a cinquante ans. Cinquante ans déjà ! J'ignorais alors la profondeur de mes actes. J'en prends conscience aujourd'hui et c'est probablement ce parcours de la bête à l'homme qui me permet d'exprimer des valeurs intrinsèques qui vont très loin...

Mon attitude envers les animaux est celle d'un clinicien, mais elle est aussi celle d'un ami. Je me comporte avec les bêtes comme un enfant se comporte avec elles, c'est-à-dire avec une innocence très proche de ce que j'appellerais « la vérité ». L'entente amicale qui s'établit souvent entre un enfant et un animal est fondée, probablement en premier lieu, sur la pureté d'esprit du premier. La bête le ressent tout de suite et le capture de façon instinctive. Tous deux sont « sur la même longueur d'onde »... Les jeux qui s'ensuivent produisent une évolution utile dans la tactique nécessaire à la survie de l'un et de l'autre. Puis on assiste à une certaine domination alternative des participants. Et, à un moment donné, par obligation vitale, émergent un dominant et un dominé.

Tous les êtres vivants de la planète sont animés par le même instinct de survie à la naissance, et par la même envie de dominer. Ils ne seraient pas différents les uns des autres si, en grandissant, certains d'entre eux – je pense aux hommes – ne perdaient l'authenticité propre à l'enfance.

7

Les hormones de l'équilibre

J'ai passé ma thèse de doctorat vétérinaire en 1946. Le sujet était le suivant : « Les œstrogènes de synthèse et la lactation artificielle. » Il m'a été proposé par M. Jean-Claude Godfrain, mon ancien professeur de pharmaco-toxicologie à l'école vétérinaire de Toulouse. Cet homme merveilleux mérite de ma part, pour le moins, un coup de chapeau, car sa bonté était sans limites. Il l'a prouvé pendant les années de l'Occupation, en sachant rester neutre et imperturbable, alors que son supérieur immédiat était le président de la Milice. A la Libération, ce dernier fut condamné à « l'indignité nationale » et il perdit son poste de professeur. Dans les années 50, il fut cependant réintégré et eut même droit à la Légion d'honneur... Je crois, finalement, qu'il a été à la hauteur de ses qualités intellectuelles, reconnaissant ses voies erronées en se remettant sur une route plus près des vérités.

Les hommes ont parfois des parcours étonnants et chacun d'entre nous peut être comparé à une coquille de noix sur les vagues. Dès la naissance, on arrive au monde avec notre « valise » qui contient tout ce que notre héritage génétique trimbale depuis nos origines. Par la suite, s'y ajoute ce que l'on acquiert en cours de route. Voilà pourquoi il me semble difficile de juger un homme sans tenir compte de ce bagage initial... parfois bien lourd ! Ce que j'appelle *notre valise* n'excuse évidemment pas tous les actes de l'existence, mais peut quelquefois les expliquer. Puis, la vie se charge de nous révéler à nous-même, de nous améliorer, de « rectifier le tir », de changer ou, plus simplement, de devenir ce que l'on est. Certains hommes sont extraordinaires, d'autres le sont moins, mais ils finissent parfois par le devenir ou par l'approcher. Cela passe par le travail sur soi.

Nous disposons tous d'un certain nombre d'« outils » pour y arriver, et les autres sont aussi là pour nous aider. Les bêtes, surtout, peuvent nous être d'un grand secours, car, je l'ai déjà dit, elles portent en elles les valeurs de tolérance et de bonté que les hommes ont souvent tendance à oublier.

Pour en revenir à ma thèse, on peut dire que dans les années 40 ce n'était pas monnaie courante d'être bien familiarisé avec les hormones. Leurs rôles physiologiques et éventuellement pathologiques étaient relativement peu connus. L'objet de ma recherche était l'étude des œstrogènes de synthèse, tels que le stilbœstrol, ainsi que l'action des hormones naturelles dans le domaine de la lactation. Je travaillais plus particulièrement sur l'espèce bovine. L'administration de ces molécules – par injection, voie orale, implants liquides ou comprimés sous-cutanés – aboutissait au développement des glandes mammaires. Elle provoquait ensuite le déclenchement de la lactation. Les sécrétions hypophysaires faisaient évidemment partie de l'étude.

Des implants d'hypophyses fraîches, en combinaison avec les différentes hormones, ont permis de répondre à un certain nombre de questions. On n'utilisait pas couramment le lait en poudre et l'on ne connaissait pas, avec la précision actuelle, les formules du lait des espèces animales dites sauvages. J'ai conçu des pommades à base d'œstrogènes, que l'on pouvait appliquer sur les mamelles des juments ou des vaches. Elles nous avaient permis, par exemple, de déclencher et de stimuler la lactation chez une jument, qui venait de donner naissance à un poulain, dont les glandes mammaires ne produisaient pas de lait. Sans notre intervention, elle n'aurait pu l'allaiter.

Un autre exemple, réalisé dans le service du Pr Simonnet, mon patron de thèse à l'école vétérinaire de Maisons-Alfort, était la production de deux cent quatre-vingts centimètres cubes de lait par jour chez un bouc. Je m'amuse parfois à dire que j'avais transformé ce bouc en chèvre !

Le Pr Simonnet était une personnalité internationale dans ce domaine : il enseignait non seulement à l'école vétérinaire de Maisons-Alfort, mais aussi à la faculté de médecine à Paris, ainsi que dans certaines universités aux Etats-Unis et au Canada. La préparation de cette thèse a duré presque deux ans. Elle m'a permis d'acquérir des notions assez avancées en matière d'endocrinologie et de mieux comprendre un certain nombre d'autres aspects de la physiopathologie comparée. Normalement, on considère que le cerveau est le grand ordonnateur, une sorte de « dictateur » de l'organisme d'un individu. Je pense qu'on peut effectivement considérer le cerveau comme le grand *coordinateur* de toutes les fonctions organiques. Mais je reste convaincu que le système endocrinien a son mot à dire.

J'irai même plus loin en affirmant que le cerveau est, dans une certaine mesure et par moments, l'esclave du système endocrinien, et qu'il est dépendant aussi de la qualité, de la quantité, de la fréquence, sinon du rythme, de l'alimentation.

Prenons le suicide. Certaines personnes mettent fin à leurs jours en invoquant toutes sortes de motivations affectives ou matérielles. On pourrait dire que cette décision est directement issue du cerveau. J'ai l'impression que l'on est en droit de mettre en doute cette réflexion. On devrait s'interroger, avant tout, sur l'équilibre du fonctionnement endocrinien et digestif des personnes suicidaires. C'est une clé fondamentale, issue directement de notre *valise génétique*. Comme on l'a vu, l'acquis est construit sur cet héritage et l'influence du fonctionnement endocrinien et digestif sur la vie organique est considérable.

Quand on naît, on est d'emblée doté soit d'un caractère à prédominance sympathicotonique, c'est-à-dire plus tourné vers l'action – et donc la vie –, soit, au contraire, d'un tempérament à prédominance parasympathicotonique, c'est-à-dire plus passif, voire lymphatique. Des milliardaires, qui ont tout ce que l'on peut imaginer, se suicident parfois. Et des SDF, qui eux n'ont rien, prennent la vie du bon côté. A aucun moment ils ne songent à se supprimer.

On constate aussi que, dans des circonstances particulièrement difficiles, la force de l'instinct de survie semble décuplée. N'est-ce pas dans un contexte aussi terrible que la guerre que certains êtres humains deviennent de véritables héros ? L'obligation de vivre s'impose alors comme une évidence qui se manifeste par une rage de vivre à tout prix. Je me dois de faire ici une parenthèse sur ma sœur Hélène, que l'instinct de survie a sauvée plus d'une fois.

Hélène était mon aînée de dix ans. Elle était aussi l'avant-dernière dans notre fratrie. Il y avait d'abord mon frère Sigismond, né en 1902, puis mon frère Jean-Eugène, né en 1904. Viennent ensuite mes sœurs Rose et Alice, nées en 1906 et 1908. Ma sœur Hélène est née en 1911, et moi, je n'ai vu le jour que dix ans plus tard. C'est important, la chronologie.

Nous sommes en 1929. Mes deux frères sont installés en France où ils ont fait leurs études. L'un est pharmacien et l'autre médecin. Rose, qui a étudié à Paris et à Londres, est professeur d'anglais et de français. Elle ne vit plus chez nos parents, mais elle vient de temps en temps nous rendre visite dans les Carpates. Alice, elle, part vivre aux Etats-Unis. Seuls Hélène et moi restons à Sighet, dans la maison familiale. Arrive un jeune homme, alors nommé préfet de police dans la ville. Il s'appelle Victor Groza, il est roumain et il parle le français à la perfection, car il a fait ses études de droit à Paris. C'est un grand et beau garçon. Il fait la cour à ma sœur Hélène, qui – il faut bien le dire – est aussi une belle fille. Et c'est le grand amour entre eux ! Il durera jusqu'à la mort, en l'an 2000.

Mais dans les années 30, il fallait que l'instinct de survie soit particulièrement fort chez certains êtres humains – les juifs, notamment – pour qu'ils parviennent à vivre « comme les autres ». Victor est catholique, Hélène est juive, et mes parents, tout en étant modernes, sont religieux et pratiquants. Un mariage mixte leur paraît inacceptable, sinon inconcevable. La religion est capable du meilleur comme du pire, et c'est précisément le pire qui explique, en partie, mon athéisme de toujours.

Les années passent et la guerre éclate. Sighet, alors roumaine, est de nouveau reprise par les Hongrois (comme toute la Transylvanie). Les Roumains sont obligés de partir et Victor retourne à Bucarest. En 1943, on ramasse les juifs pour les mettre dans les ghettos, après leur avoir confisqué tous leurs biens. Ils ignorent l'existence des camps de concentration ainsi que leur destination. Victor, qui fréquente les milieux intellectuels et politiques, le sait.

Il revient à Sighet et traverse les frontières avec des passeports pour ma sœur et les parents. « Je vous emmène en Roumanie où vous serez à l'abri, leur dit-il. Je vous sors du ghetto, car vous risquez d'être déportés. » Mes parents ne veulent pas le croire (rappelons que le génocide était alors inconnu). L'idée même d'un génocide est tellement abominable qu'ils refusent de l'entendre. Ils ignorent ce qu'ils vont devenir. Ils pensent qu'on emmène les juifs travailler dans les terres... « Vas-y, si tu veux, disent-ils à Hélène. Nous, nous restons. Si nous partons avec toi et Victor, nous serons obligés d'accepter votre mariage. » En fonction de leurs croyances religieuses, ils continuent à s'opposer au mariage mixte de leur fille qui, par attachement familial, choisit de rester avec les parents.

Victor repart et ce qui était prévisible arrive : Hélène et nos parents sont déportés. Pendant ce temps, alors âgé d'une vingtaine d'années, je suis en Espagne. J'apprends qu'on extermine les juifs, qu'on les envoie par wagons entiers dans des camps d'extermination, qu'on les jette pardessus bord dans le Danube. Hélène débarque à Auschwitz. Elle voit notre mère entrer dans les chambres à gaz... On l'envoie alors travailler dans différentes usines d'armement, car c'est une femme jeune et robuste. La main-d'œuvre est gratuite et l'esclavage de certaines populations facile. Hélène s'évadera à cinq reprises, mais, chaque fois, elle sera capturée et renvoyée au travail.

Je ne suis pas en mesure d'apporter de plus amples précisions sur les lieux et le nom des usines où ma sœur est passée, car elle-même l'ignorait. Affamée, abrutie par le travail, elle n'avait qu'une seule idée en tête : sauver sa peau. C'était plus qu'un désir : c'était une mission, une obligation ! Hélène voulait vivre. Elle devait vivre.

A la fin de la guerre, elle se débrouille pour arriver à Thionville. Puis nous la récupérons et la ramenons avec nous à Paris. Pendant ces quelques années, la situation politique s'aggrave de jour en jour en Roumanie. C'est à cette époque que l'oncle de Victor est Premier ministre. Lorsque les communistes prennent le pouvoir, Victor, qui n'est pas des leurs, est jeté en prison. Dans sa geôle, dont le sol est en permanence recouvert d'eau, il ne peut se tenir debout, ni s'allonger. C'est dans ces conditions terribles qu'Hélène le retrouve, elle qui était retournée en Roumanie pour le rejoindre enfin... Toujours animée par cet instinct de vie incroyable, et toujours amoureuse, elle fait des pieds et des mains pour tirer Victor de là. C'est avec notre frère Jean qu'elle trouvera le moyen de le faire évader.

Tous deux reviennent en France et, après avoir passé quelques années aux Etats-Unis, ils terminent leur existence à Cannes. Ils se sont aimés jusqu'à la fin.

C'est une belle histoire que je m'étais promis d'écrire un jour. Elle est l'illustration même de la vie. Dans des circonstances exceptionnelles, on est parfois capable de retrouver l'instinct de vie que nos existences confortables – souvent figées – semblent avoir éteint. On réanime la part animale qui sommeille en nous. C'est une force que les bêtes ne perdent jamais.

Les animaux ne se suicident pas. Les hommes, oui. A un moment donné de leur existence, leurs centres nerveux peuvent se trouver, semble-t-il, démunis du stimulus physiologique nécessaire à la lutte pour la vie. Et c'est justement ce stimulus qui nous *commande* de continuer à nous battre pour survivre, de ne pas baisser les bras, d'y croire. Sans cette condition *sine qua non*, le combat est, semble-t-il, perdu d'avance.

Pourquoi le stimulus physiologique indispensable à la vie sur Terre disparaît-il chez certains hommes, capables de passer à l'acte et de se donner la mort, alors qu'il reste toujours présent chez les bêtes ? Encore une fois, les animaux ne mettent pas volontairement fin à leurs jours.

A ce propos, citons les lemmings, ces petits rongeurs voisins des campagnols, que l'on trouve dans le Grand Nord euro-asiatique et américain. La popularité de ces micromammifères est directement liée à la croyance obstinée d'un grand nombre de personnes, selon laquelle leurs proliférations massives, qui interviennent régulièrement, se terminent par des « migrations-suicides », dans la mer notamment. Ces rongeurs seraient donc l'exception qui confirme la règle. Contrairement à toutes les bêtes sur Terre, on a dit qu'ils se suicidaient collectivement. C'est faux. Il s'agit d'une interprétation légendaire erronée, et je vais tenter de le démontrer.

Les lemmings constituent une des trois sous-familles des microtinés (campagnols), toutes caractérisées par un collet d'émail aux molaires, dont la morphologie varie selon les espèces. On en connaît deux cents. Ce sont, sans aucun doute, les micromammifères les plus nombreux du Grand Nord. Leur taille ramassée et arrondie ainsi que leur fourrure épaisse et longue leur permettent de résister aux rigueurs du climat de ces régions arctiques, balayées par le blizzard et caractérisées – durant une grande partie de l'année – par des températures très basses, par la neige, la glace et le manque de soleil.

Les longues griffes de leurs antérieurs font d'eux de remarquables fouisseurs. Aux troisième et quatrième orteils, les lemmings sont munis de griffes doubles qui poussent tous les ans en automne et tombent au printemps. C'est un fait unique chez les mammifères et on doit le considérer comme une adaptation au creusement pénible, pendant les six mois d'hiver, dans la terre gelée, dure et glacée. Le squelette de leurs avant-bras est lui-même adapté, car il révèle chez l'adulte un extraordinaire élargissement de la diaphyse du cubitus et un épaississement du radius.

Le froid est un paramètre important dont il faut tenir compte pour comprendre le comportement individuel et collectif de ces êtres vivants. Chez les lemmings, comme c'est le cas pour d'autres espèces, il est un stimulant de toutes les fonctions de l'organisme et il agit comme un moteur de la vie. Il explique, par exemple, le taux de reproduction particulièrement élevé des lemmings des toundras. C'est ce qu'on appelle l'instinct de préservation de l'espèce. Les accouplements ont lieu au printemps et ils se prolongent jusqu'à la fin de l'automne. La durée de gestation est de seize à vingt et un jours. Les femelles peuvent avoir trois portées par an, chacune comptant un à douze petits. Les femelles de la première portée, ainsi que celles de la deuxième, se retrouvent gestantes dès qu'elles atteignent trente-huit grammes. Elles sont probablement fécondées dès le dix-neuvième ou le vingtième jour. Les gestantes s'élargissent au point d'être presque aussi larges que longues. Elles ressemblent alors davantage à des tortues, des punaises ou des bousiers, qui se traînent en rampant, qu'à des lemmings !

Les migrations des lemmings sont très caractéristiques. Elles aussi doivent être considérées comme une adaptation spéciale aux conditions extrêmement difficiles du climat arctique, qui les obligent à fournir un effort considérable, voire surdimensionné, pour s'adapter et se nourrir. Dès que le groupe ne dispose plus du nécessaire pour vivre, c'est-à-dire « le toit et le couvert », il se met en route et cherche un nouveau site plus convenable. On peut observer deux, et même trois époques de migration : l'une au printemps, dès la fonte des neiges, et l'autre à la fin de l'été. S'ils ne trouvent pas ce qu'il faut pour subsister pendant plusieurs mois, ils migrent une troisième fois à l'automne. Les lemmings n'hibernent pas. Dès le mois d'octobre, ils se mettent sous la neige, à l'abri des vents. Ils consomment les herbes de la toundra et se construisent des abris aux parois épaisses, avec des herbes ou de la mousse des forêts.

Leurs déplacements s'effectuent souvent à une vitesse considérable, et toujours en grand nombre. De ce fait, ils sont la proie des renards, des gloutons, des chouettes harfangs et des rapaces. Il est à noter que les rennes sauvages déciment aussi parfois leurs effectifs, quand, exceptionnellement et probablement en cas de disette, ils se rabattent sur la viande.

Lors de ces migrations de masse, les lemmings se trouvent quelquefois en présence d'un obstacle de taille, une rivière ou un lac, par exemple. Ils se réunissent alors en troupe compacte et, étroitement serrés les uns contre les autres, ils oublient les rivalités personnelles. Ils ne pensent qu'à avancer coûte que coûte dans l'unique but de trouver le site idéal pour vivre et se reproduire. Assemblés par milliers sur la rive, ils font preuve d'un courage et d'une audace extraordinaires en se jetant dans l'eau et en nageant vers la rive opposée. Malgré leur lutte forcenée contre les flots, certains, épuisés ou plus faibles, périssent en route. Mais s'ils ne débarquent pas sur un iceberg, sans terre dessous, la majorité d'entre eux survit et arrive à bon port. Leurs pattes rament avec une intensité incroyable et leurs poils, très denses, dépassent de l'eau, enferment de l'air, ce qui les maintient à la surface et les empêche de couler. C'est la meilleure preuve qu'il ne s'agit pas d'actes suicidaires ! Lorsqu'ils touchent terre, ils sont pratiquement secs...

Comment peut-on encore évoquer le suicide des lemmings après avoir pris connaissance de leur comportement, de leur courage, de leur persévérance et même de leur obstination ? Tout cela dénote, à mon sens, une force de vie extraordinaire ! Ils ont en eux une détermination telle que même le froid ne peut les arrêter. Au contraire, il les stimule ! Les lemmings s'y adaptent, ils migrent quand la nourriture manque, ils donnent la vie en grand nombre et semblent capables de tout pour continuer à vivre et à se reproduire. Le froid « injecte » le stimulus de survie dont j'ai parlé plus haut. L'action crée la réaction et ce sont bien les contraintes climatiques qui poussent leur organisme à réagir et à s'adapter. Les lemmings n'en deviennent que plus forts et plus déterminés.

Différents auteurs, qui les ont observés tant dans leurs environnements naturels qu'en laboratoire, ont conclu que ces micromammifères, dont la taille varie de 7,5 à 15 centimètres, étaient particulièrement téméraires. Ils ne fuient pas et affrontent, en plus de l'hiver long et rigoureux, leurs prédateurs naturels ou occasionnels, tels que les chiens et les hommes. Leurs pulsions migratoires, parfois désorientées, les amènent en effet à s'aventurer dans des secteurs qui ne leur conviennent pas, comme les fermes.

Le cas des lemmings est un exemple édifiant, non pas, comme certains ont pu le dire, en raison du suicide exceptionnel de certaines bêtes, mais au contraire de l'instinct de survie qui anime tous les êtres vivants, quelle que soit l'espèce à laquelle ils appartiennent, surtout quand ils sont confrontés à des conditions de vie extrêmes.

Je reviens donc à ma théorie selon laquelle les bêtes ne se suicident pas. Au sein de presque toutes les espèces, il est important de noter l'existence d'une sorte de régulation de la natalité. La maman tigre dont nous avons « élevé » le bébé, et cette lionne, mère de quatre petits, qui choisit de délaisser le dernier car elle se sent incapable d'en élever plus de trois ne sont pas des cas isolés. La démographie est bien réglée dans les diverses espèces. La seule qui « déraille » est, une fois encore, l'espèce humaine. Chez les bêtes, la loi de la nature s'impose. La naissance et la vie, l'alimentation et les relations entre les uns et les autres, les dominants et les dominés, la vieillesse et la mort, sont dictés par des lois naturelles auxquelles tous les animaux se soumettent. On ne peut pas en dire autant des hommes...

Par exemple, les animaux n'ont sans doute pas peur de la mort : elle fait partie intégrante de la vie. Ils n'y pensent pas. Ils luttent naturellement – ou instinctivement – pour leur survie et, contrairement à la plupart d'entre nous, ils ne luttent pas contre la mort. L'acceptent-ils ? Peut-être. Je pense plutôt qu'ils l'ignorent ou, plus exactement, que cela n'atteint pas leur esprit.

On a tous entendu parler du cimetière des éléphants. Je crois toutefois qu'il s'agit plus ou moins d'une légende. Les vieux éléphants ne s'isolent pas toujours pour mourir et, même s'il est vrai qu'ils se retirent parfois, le cimetière des éléphants est une histoire probablement mythique et pour le moins embellie par les hommes. On a vu des éléphants tenter de soigner – ou simplement de réveiller – un autre éléphant mourant, à coups de trompe et de pattes. Ils le bousculent afin de l'aider à se relever. Mais quand ils comprennent qu'il n'y a plus rien à faire et que leur congénère est incapable de se relever, ils l'abandonnent et s'en vont.

Ce n'était pas le cas du chien que j'avais connu dans les années 60, dont le maître était un kinésithérapeute installé dans la rue de Moscou, alors que mon cabinet se trouvait boulevard des Batignolles. Il s'agissait d'un très beau boxer mâle, d'un caractère excellent. Un jour, le kiné était tombé gravement malade. Il était atteint d'un cancer généralisé. Son état se détériorait à vue d'œil. Le chien ne l'avait plus lâché d'une semelle, jusqu'à sa mort. Après le décès du kiné, l'animal n'avait pas voulu quitter le lit du malade et il avait même refusé de s'alimenter. Au bout de quelques mois, il était mort lui aussi. L'attachement du chien pour son maître était tellement vif qu'il lui était impossible de supporter son absence. C'était un lien quasi permanent, justifié par une présence continue. L'habitude est une seconde nature qui explique sans doute la « démission » du chien après la disparition du maître. Là encore, on ne peut pas évoquer l'idée d'un suicide qui, par définition, nécessite une décision, suivie d'un passage à l'acte.

Mon travail sur les hormones ainsi que les faits observés m'amènent à déduire – empiriquement peut-être – que le suicide est une *affaire organique*, liée à un problème d'équilibre – ou plutôt de déséquilibre – chimique, biologique et cellulaire. « Le moteur ne tourne pas rond » parce qu'il y a un dysfonctionnement organique, ou microcellulaire, quelque part.

Il y a un peu plus de quarante ans, lorsque j'étais un vétérinaire praticien débutant, une jeune femme m'avait demandé de venir soigner son chien chez elle. Il n'était pas dans mes habitudes de faire des visites à domicile, mais vu la beauté de la cliente je m'y étais précipité. J'avais, hélas ! été déçu, car un très beau jeune homme était là. Le chien souffrait d'une crise d'entérocolite. La conversation avait glissé en direction du jeune homme et il était apparu une certaine similitude avec les affections du chien. Ce garçon, âgé de vingt-sept ans, avait vraiment tout ce qu'il fallait pour être heureux. Sans vouloir entrer dans les détails, il souffrait manifestement d'une colite chronique. Quelques mois plus tard, j'avais appris qu'il s'était suicidé. Personne n'avait jamais su ni compris les motifs de son acte.

On est tenté – sinon forcé – d'émettre l'hypothèse du suicide, consécutif, comme je l'ai écrit ci-dessus, à une colite chronique, allant jusqu'à cette extrémité fatale.

Au début du XXe siècle, Metchnikoff, microbiologiste et disciple de Pasteur, découvreur de la phagocytose, prix Nobel 1908, avait dit à l'époque que *le centre de la vie était situé dans le gros intestin*. J'ai pu constater, au cours de mon existence, la véracité de cette pensée. Un repas équilibré donne toujours lieu à une bonne digestion, laquelle offre une nuit de sommeil normale, et le lendemain on est en pleine forme. En revanche, d'une mauvaise digestion s'ensuivent une nuit difficile et des lendemains gris...

Les moments de déprime sont fréquemment consécutifs à des problèmes colitiques. Aussi, depuis que les voyages dans les pays tropicaux et subtropicaux sont à la portée de tout le monde, les entérocolites chroniques dues à des infestations par des protozoaires sont de plus en plus fréquentes. On peut dire que très peu de gens peuvent rester indemnes de ce genre de problèmes et que les séquelles, ou tout au moins les traces, de ces maladies peuvent avoir des répercussions ultérieures non négligeables.

Le lien entre le cerveau – donc la pensée – et le tube digestif – donc l'alimentation – paraît tout à fait logique. Chaque cellule du nouveau-né, quelle que soit l'espèce vivante à laquelle il appartient, est « imprégnée » par une obligation physiologique du devoir vivre.

Dès que l'on vient au monde, on pourrait dire : « On est condamné à vivre, il faut s'exécuter. » C'est une expression que j'utilise depuis longtemps. Si l'on veut bien y réfléchir un instant, on arrive à mieux comprendre la démission d'un suicidaire qui ne dispose plus de cette molécule stimulante. Qui sait si cette molécule ne code pas avec un gène spécifique ?

1935. Mes parents, mes sœurs et moi à Sighet, ma ville natale. Je n'oublierai jamais la réaction de mes parents quand je leur ai écrit, pendant la guerre, que je voulais être vétérinaire : ils croyaient que je plaisantais ! Dans ces années-là, on traitait de vétérinaires les mauvais médecins… *(D.R.)*

A Thoiry, je dois anesthésier Timbo, un mâle africain, dont la défense gauche était cassée. Ce jour-là, pour m'aider, j'avais Caroline de Monaco. Le prince Rainier était là, lui aussi. Ce grand connaisseur des bêtes nous donnait des conseils fort judicieux. *(D.R.)*

Ma relation de confiance avec les tigres. J'aime les caresser, leur parler. J'ai appris quelques onomatopées de tigre. Lorsqu'il m'arrive de les saluer pour me faire accepter, j'émets des sons en soufflant entre mes lèvres. La plupart du temps, ils me comprennent et me répondent en produisant des sons qui ressemblent à ceux que j'ai appris à faire. *(D.R.)*

1973, à l'ORTF. Brigitte Bardot avait eu la gentillesse d'enregistrer des spots conçus pour la SPA. Inutile de dire que son image était particulièrement porteuse et efficace ! Brigitte appréhendait les conditions de tournage dans les studios de la télévision et, lors des premiers enregistrements, j'avais été obligé de demeurer près d'elle, en restant hors champ, et de la stimuler en lui tenant la main ! *(D.R.)*

Tribune libre était une émission de télévision de la région Ile-de-France, à laquelle je participais parfois. Piem avait dessiné en direct un homme qui, après avoir abandonné son teckel en l'attachant à un arbre, achevait son voyage... dans un arbre. Les spectateurs pouvaient constater que ce type de comportement avec son animal ne portait pas chance à l' « abandonneur ». *(D.R.)*

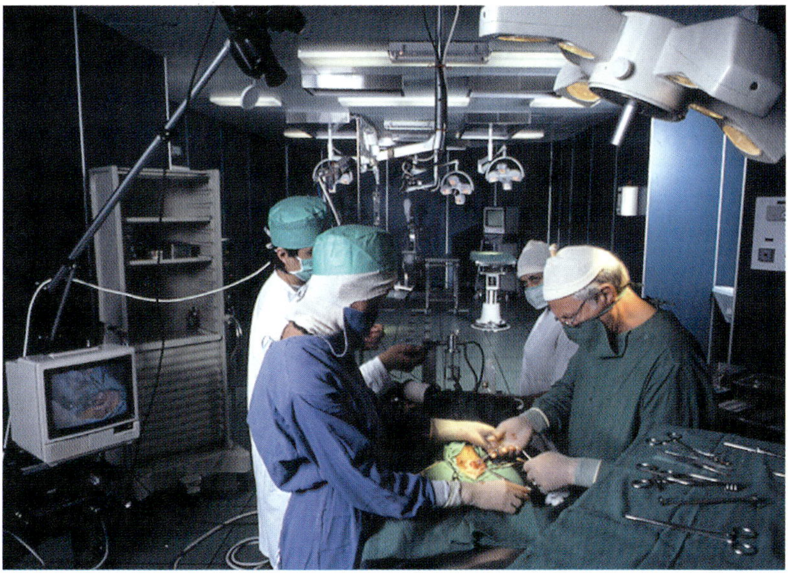

1982. Les services que nous proposions à la clinique Beaugrenelle étaient innovants. La chirurgie occupait une place prépondérante ainsi que l'imagerie médicale. Pendant que j'opère, une caméra filme l'intervention que l'on peut visionner sur l'écran, à gauche de la photo, mais aussi en de nombreux endroits de la clinique. *(D.R.)*

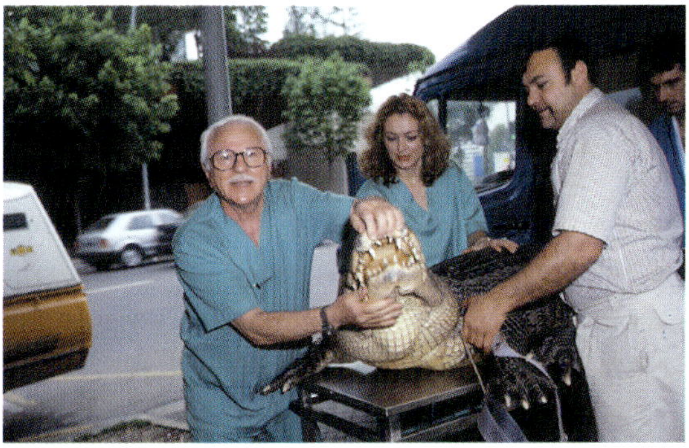

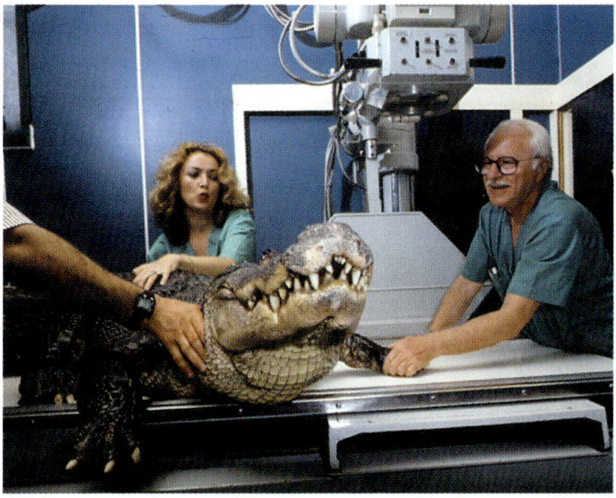

En haut à gauche : Dans mon bureau, à la clinique. Je peux voir sur mon écran tout ce qui se passe grâce à des caméras télécommandées incluant le son aller-retour. *(D.R.)*

En haut à droite : Arrivée d'un crocodile du Moulin-Rouge à la clinique Beaugrenelle ! Il avait été mordu par un de ses congénères et présentait un abcès et des doigts fracturés au pied antérieur droit. *(D.R.)*

Ci-contre : Et hop, à la radio ! Notre animal mesurait un bon 5 mètres de long ! *(D.R.)*

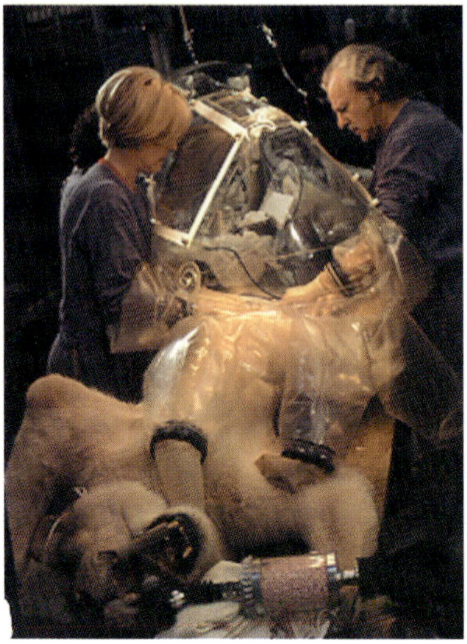

Opération d'un lion sous bulle. J'avais présenté la première bulle stérile au monde, qui permettait d'opérer n'importe où, dans la jungle, le désert ou en pleine campagne, dans des conditions de stérilité satisfaisantes. *(© Morer.)*

A la clinique, avec Marie-Christine. La panthère, intubée, vient d'être anesthésiée pour une opération chirurgicale. *(D.R.)*

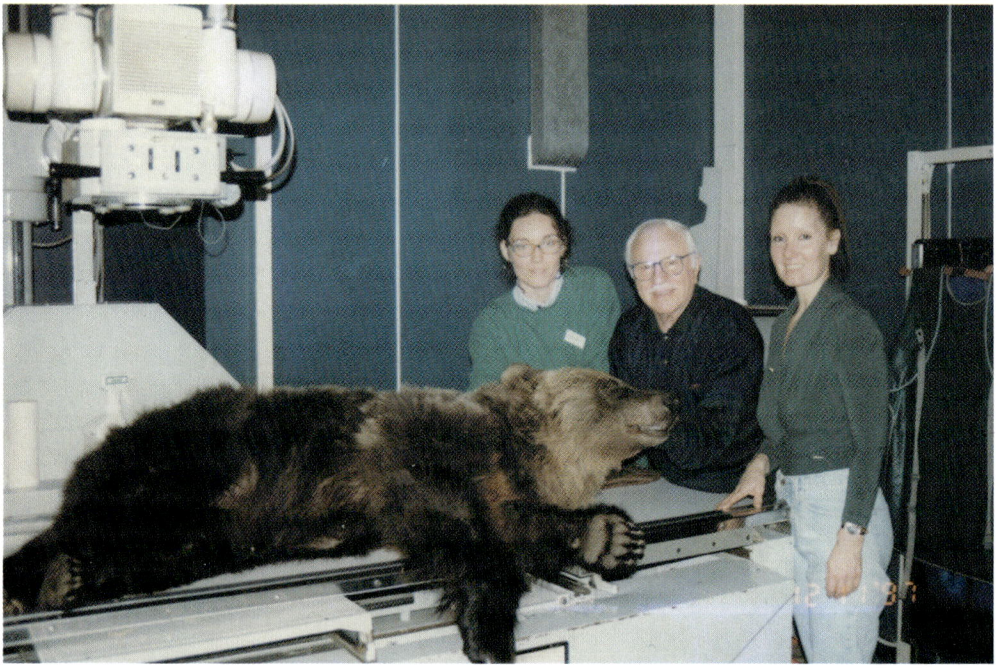

Radiographie de la colonne vertébrale de cet ours brun. Il est arrivé plié en deux, je le faisais marcher dans le jardin en lui tenant la main ! *(D.R.)*

A Thoiry, Marie-Christine donne à manger à cette girafe pendant que je fais un prélèvement, une « moquette », pour l'étude d'une mycose. *(D.R.)*

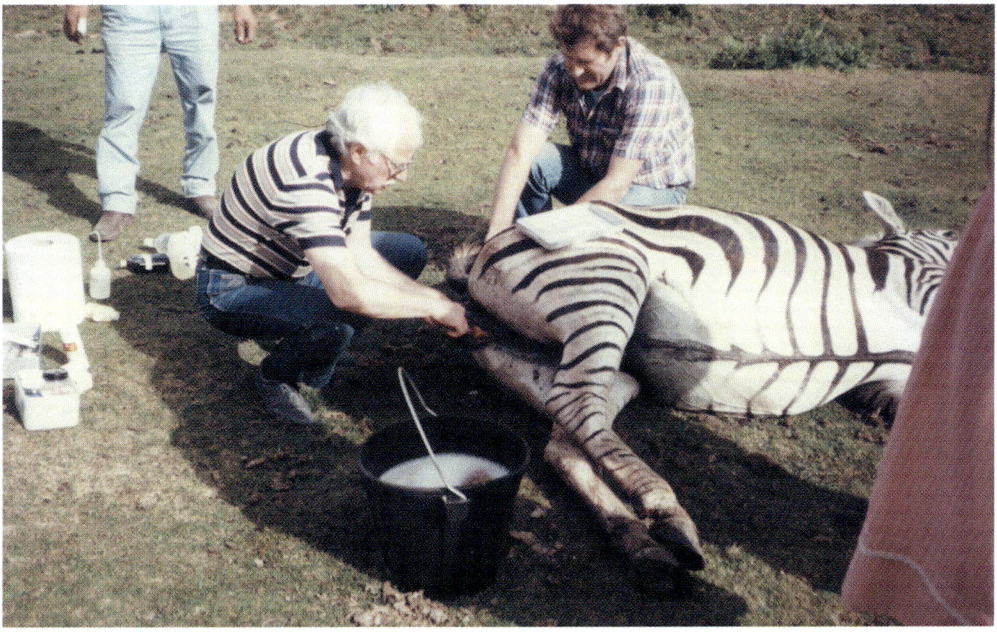

Thoiry encore. Cette zébresse venait d'avoir son petit et avait fait un prolapsus de l'utérus. Nettoyage après intervention. *(D.R.)*

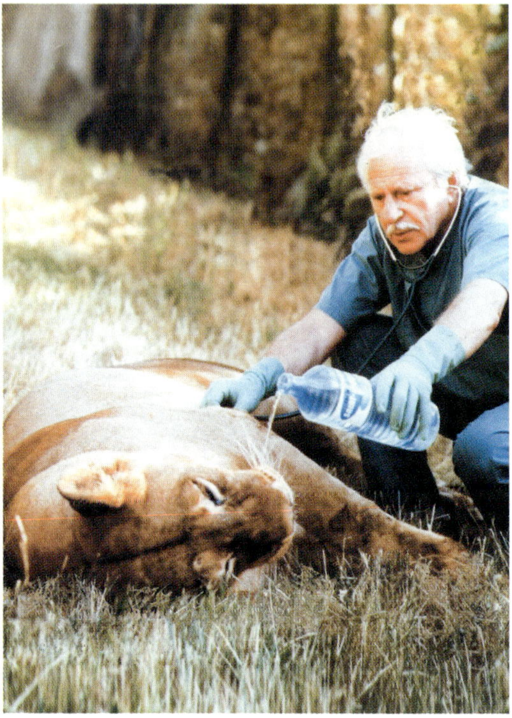

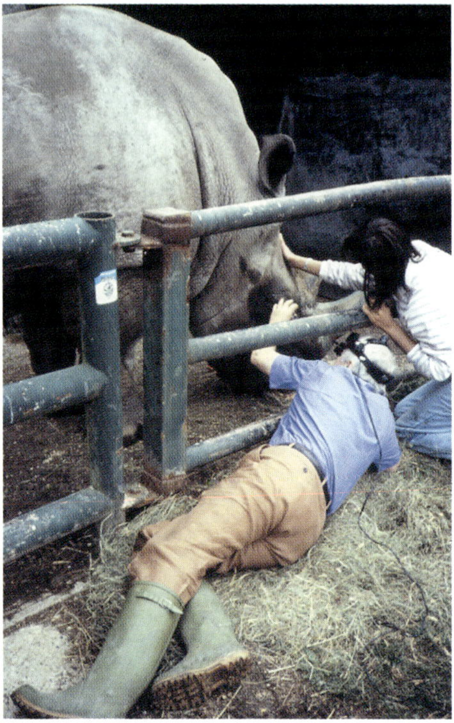

Thoiry. Une lionne en réveil fait une crise de catalepsie post-anesthésique. J'essaie d'hydrater sa bouche pour la réveiller. *(© Philippe d'Argencé.)*

Thoiry toujours. Examen de l'œil d'un rhinocéros. *(D.R.)*

Au zoo, donnant un morceau de pain à l'hippopotame. *(D.R.)*

A l'époque où j'étais encore aux Batignolles, j'avais aussi sur les bras les chevaux, les guépards et autres du Lido… et les dauphins du Moulin-Rouge ! *(D.R.)*

Avec les ours baribals en liberté. Ces ours noirs d'Amérique du Nord sont herbivores et surtout frugivores. *(D.R.)*

A Thoiry, une ourse blanche et son petit. *(D.R.)*

Cirque de Moscou.
Les cirques n'ont-ils pas été, avec les zoos, parmi les premiers ambassadeurs de toutes les espèces animales en voie de disparition? *(D.R.)*

Ci-contre :
Je promène ce petit ours brun par la main. *(D.R.)*

A droite :
Examen de l'œil d'un ours blanc. *(D.R.)*

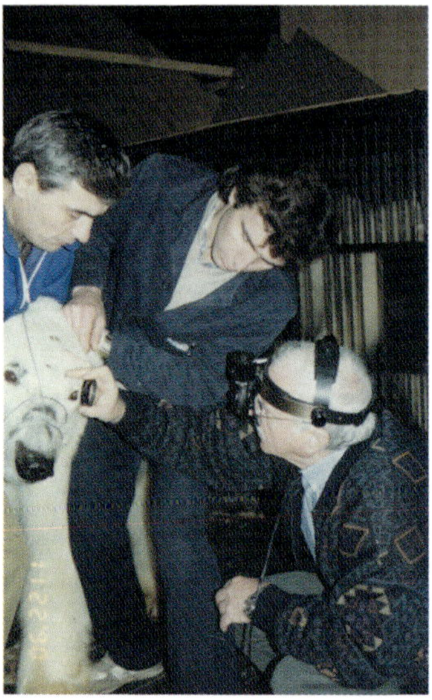

Avec des artistes russes. Parfois, ils étaient quatre-vingts et je les emmenais tous visiter Thoiry. Au cirque, dès le matin, c'étaient vodka et zakouski à discrétion ! *(D.R.)*

Ci-dessus, à gauche : Pendant près de vingt ans, j'ai suivi Tophy, une éléphante du cirque Alexis Gruss. On se connaissait bien tous les deux, mais elle avait un fichu caractère. Une fois, elle m'a filé un sérieux coup de trompe et m'a envoyé contre le mur ! Elle avait de temps en temps des problèmes avec les pieds. Elle a même eu une tumeur sous un doigt, que j'avais opérée et pour laquelle il n'y a jamais eu de rechute. *(D.R.)*

En haut, à droite : Chez Catherine et Peter Moore avec leur « ocelot de Dali ». Ils ont créé le musée de Dali à Cadaques. *(D.R.)*

Ci-contre : 1987. Lors de l'inauguration de l'Ecole parisienne des chiens guides d'aveugles, avec Bernadette Chirac, Marie Laforêt et Jacques Chirac. *(D.R.)*

1994, avec Dorothée pour la 100e de l'émission *Terre, Attention, Danger.* (D.R.)

Lors du Gala de la Presse. Marcel Julian, alors président d'Antenne 2, présidait ce gala au bénéfice de l'association Reporters Sans Frontières. (D.R.)

1986. Un matin, j'avais amené un tigre lorsque je participais au direct de l'émission *Télématin*. Cela nous valut quelques frayeurs : « mon » tigre avait volé dans le décor et avait tout cassé ! *(D.R.)*

Pour une émission de télévision en plein air, j'étais venu accompagné d'une magnifique panthère noire, ici sagement couchée sur une table de jardin… *(D.R.)*

Dans les coulisses d'une émission, je donne un gobelet d'eau à cet ours brun qui a posé délicatement sa patte sur ma main. *(D.R.)*

Pendant huit ans, j'ai participé à la cérémonie annuelle de bénédiction des bêtes à la cathédrale américaine de Paris. Ici, je suis en train de faire mon laïus, en anglais, dans la cathédrale remplie d'animaux divers. *(D.R.)*

A l'issue de la cérémonie à la cathédrale américaine, avec Olivier Mazerolles, Marie-Christine et un petit tigre tenu en laisse par son propriétaire. *(D.R.)*

En 1994, lors du tournage du *Colonel Chabert*, en compagnie de Gérard Depardieu, très amusé, j'anesthésie un ours blanc. *(D.R.)*

Le samedi 22 décembre 2001, solstice d'hiver, nuit la plus longue de l'année. Le chien guide est, pour l'aveugle, sa vue, son regard, sa lumière. J'ai repris cette idée pour l'organisation d'une fête symbolique du chien guide. Elle a été réalisée sous la forme d'un « Chien lumière » de 29 mètres de long (la largeur du Champs-de-Mars) et de 12 mètres de large, au pied de la tour Eiffel ! Il était composé de multiples spots, chacun étant associé à un aveugle avec son chien formé dans notre école. *(D.R.)*

Dans mon jardin, avec Sacha et notre chatte birmane. *(D.R.)*

Dans notre jardin, Jean-François, mon fils alors âgé de sept ans, donne le biberon à Sacha, neuf mois, un lionceau dont Brigitte Bardot était la marraine et que nous avons élevé à la maison jusqu'à ses quinze mois. Sacha était devenu un animal familier de notre maisonnée. *(D.R.)*

Je joue avec une panthère dans mon jardin. *(D.R.)*

Quand ce bébé tigre, rejeté par sa mère, m'a été confié par les frères Togni, il devait avoir une semaine. Toute la nuit, Marie-Christine et moi avons veillé sur lui pendant quatre mois environ. Nous l'aurions bien gardé plus longtemps, mais le cirque Togni devait reprendre la route. Il doit être encore vivant aujourd'hui… *(D.R.)*

Il avait pris de drôles d'habitudes avec nous, notamment celle de dormir dans notre lit conjugal, entre ma femme et moi. On n'imagine pas à quel point on peut s'attacher à un bébé félin… *(D.R.)*

Marie-Christine au téléphone, avec Charlotte qui lui tète l'oreille. C'était le grand amour entre les deux ! Charlotte avait deux ou trois mois quand elle avait été abandonnée à la clinique Beaugrenelle, en 1990. Une femme était arrivée avec ce petit cercopithèque (singe vert à longue queue) dans une cage et elle avait dit : « Vous la prenez, ou je la jette dans un terrain vague ! » *(D.R.)*

Avec Souky. Ce chien exceptionnel, un chow-chow, fut déterminant dans ma vie. Il est mort en 1990, il avait dix-huit ans. *(D.R.)*

Isis, la reine des toutous ! C'est une beauceronne, que l'on appelle communément bas-rouge. C'est le seul chien qui nous reste aujourd'hui. *(D.R.)*

8

Nous sommes condamnés à vivre, il faut s'exécuter

Quelle que soit l'espèce à laquelle il appartient, le *nouveau venu* porte donc en lui l'obligation de vouloir vivre. Ce « devoir », qui se traduit par un instinct de survie plus ou moins fort, l'arme, si l'on peut dire, pour affronter la vie, lutter et se protéger, trouver les moyens de répondre à ses besoins. Par conséquent, l'obligation de vouloir vivre est produite par une impulsion qui s'accompagne toujours d'une « agressivité » que je qualifie de « physiologique ».

Qu'on soit homme ou bête, on est chasseur par définition, car on doit être capable d'aller chercher sa « bouffe ». Le premier réflexe du nouveau-né n'est-il pas de téter le sein de sa mère ? Et ce n'est pas une exclusivité des mammifères. Cette pulsion « agressive » (bien qu'il ne soit pas assez précis, cet adjectif est, encore une fois, le seul qui me vient à l'esprit) est non seulement nécessaire pour survivre, mais elle est aussi équilibrée. Elle est naturelle, normale et obligatoire.

L'« agressivité » dite physiologique n'est pas négative du tout. Elle ne doit pas faire penser à la violence mais plutôt à une poussée, une force, un stimulus, une impulsion provoquant un choc simili-amphétaminique. Elle est commune à tous les êtres vivants et se manifeste, par exemple, dans le jeu qui fait partie de l'éducation dans toutes les espèces. Le petit d'homme, tout comme le lionceau, la loutre ou le singe, apprend en jouant. L'aspect ludique de l'apprentissage lui permet, bien sûr, d'acquérir un savoir, mais il l'aide également à trouver les moyens de se défendre et, plus encore, de dominer. Dans tous les jeux auxquels il participe, l'enfant veut gagner. Il veut vaincre. Rares sont ceux qui aiment perdre. Le désir d'être le meilleur est intrinsèquement lié à l'instinct de survie qui anime le nouveau-né dès son premier cri (premier signe d'agressivité), l'expression même de l'affirmation de soi.

Les bêtes n'ont pas ce problème. Quand elles comprennent que leur adversaire est le plus fort, elles finissent toujours, à un moment donné, par accepter la défaite, et donc par reconnaître la supériorité de l'autre. Le chien, par exemple, se met sur le dos et offre son ventre au « supérieur hiérarchique ». Il en est de même chez les loups. C'est une façon parmi d'autres de se soumettre à la loi de la nature et aux règles de la vie. Pour éviter d'être soumis à la loi du plus fort, appelée aussi « loi de la jungle », les hommes ont créé des lois dites « sociales ». Ces dernières permettent de rendre possible – ou plus exactement vivable, c'est-à-dire supportable – la vie en société. En essayant d'imposer, ou plutôt de sauvegarder des valeurs telles que l'ordre et la justice, par exemple, ces lois tendent à canaliser l'agressivité, parfois excessive, des individus.

Notre volonté de vivre est indissociable de notre volonté de dominer. Ce désir fait partie intégrante de la vie sur

Terre. De là découle sans doute la guerre qui, sans être excusable, n'en est pas moins explicable. Elle est une sorte de *jeu* à grande échelle, un *système* qui met en exergue la nécessité de se battre pour survivre. Et du désir de gagner à la tentation de tuer, il n'y a qu'un pas que certains franchissent presque instinctivement.

Partant de là, le sport peut être considéré comme une « déviation guerrière pacifique ». La mort n'est certes pas le sens ni l'aboutissement des compétitions sportives, mais le sport participe de la même envie de dépasser l'autre, en se surpassant. La motivation est la même et le risque est aussi présent, mais il est « hors de danger », si l'on peut dire. La mort, ou plus précisément la mise à mort, est avant tout symbolique.

L'agressivité est l'un des moteurs clés de la vie. Pourtant, force est de constater qu'il n'est pas facile de garder l'équilibre dans n'importe quel lieu, sur n'importe quel point du globe, pour n'importe quelle espèce... En effet, la perfection n'étant – apparemment – pas de ce monde, on note des dérapages un peu partout. L'espèce humaine, en particulier, est davantage concernée par ces « déraillements » que l'on commence à mieux connaître depuis les acquisitions récentes en microcytogénétique. Il faut dire que l'on connaît de plus en plus de gènes dans différentes espèces. Par exemple, j'ai croisé un gorille trisomique dans le passé. C'était l'animal le plus amical, sinon un des plus beaux de tous ceux qui se trouvaient, à l'époque, au zoo de Gelsenkirchen, en Allemagne. J'avais fait sa connaissance à l'occasion de ma collaboration avec le Dr de Grouchy, généticien à l'hôpital Necker à Paris. On avait reconstitué le caryotype supposé de l'ancêtre de l'homme et des grands singes, les anthropoïdes. Cette étude a été publiée en 1970. Ce gorille avait l'air tout à fait normal et son comportement était des plus parfaits. Il n'avait pas une virgule de travers !

Les gorilles sont débonnaires et pacifiques. Il est bien regrettable que nous n'ayons pas pu hériter certains des gènes de ces cousins... En effet, les gorilles ne connaissent pas la jalousie ni l'agressivité pathologique, et, contrairement à ce que l'on dit, ils ne savent pas vraiment tuer. Tout ce qu'ils savent faire dans un moment où ils sont tenus à se défendre, et donc à montrer leur force (ce qui n'a rien à voir avec le pouvoir, notamment sur l'autre), c'est se taper le thorax pour impressionner, sinon pour faire peur ! On n'a jamais vu un gorille tuer comme ça, pour rien. Lorsqu'un jeune gorille d'un autre groupe veut jouer à « papa maman » avec une femelle du groupe auquel il n'appartient pas, il s'en approche, mais avant de décider quoi que ce soit, il fait un certain signe – par contact – au chef mâle. Ce dernier lui donne sa bénédiction en hochant simplement la tête. Alors seulement, le jeune gorille s'autorise à entreprendre la jeune femelle.

Un autre exemple prouve la bonté originelle, inscrite génétiquement dans ce rameau d'anthropoïdes, nos cousins : il s'agit de cet enfant tombé, il y a quelques années, dans le parc des gorilles, d'un zoo, aux Etats-Unis. Une femelle l'avait tout de suite pris en charge et l'avait porté, dans ses bras, aux gardiens soigneurs, jusqu'à ce que l'on intervienne. Qui, après cela, oserait parler de leur « méchanceté » ?

En 1984, j'ai participé à un colloque à l'hôpital du Val-de-Grâce à Paris, organisé par les chirurgiens réparateurs de la face. J'ai été convié à parler des morsures de chiens, car on en dénombrait une quantité particulièrement élevée, cette année-là, dans l'Hexagone. Parmi les chiffres avancés, la plupart des morsures ne concernaient que des pantalons déchirés, mais quelques-unes étaient fort graves. J'ai notamment cité le cas d'un vétérinaire, au Havre, qui avait été mordu par un cocker et dont le nez était tombé par terre... J'ai donc exposé mes vues sur la dynamique de l'agression dans l'espèce canine. On a pu rapidement convenir que l'immense majorité des morsures incombait à une erreur humaine. Lorsqu'il y a un accident, plus ou moins grave, c'est toujours en réaction à une faute de l'homme. Certes, il est victime, mais il est aussi coupable du comportement perturbé du chien. Il y a probablement plus de psychopathes parmi les humains que parmi les chiens...

Lors de mon intervention, j'ai avancé l'affirmation suivante : il suffit qu'un chien renifle le bas de votre pantalon pour savoir ce qu'il y a dans votre tête. Le chien connaît non seulement votre pensée consciente, mais il capte aussi votre pensée subconsciente. Autrement dit, il fait votre portrait et se fait une idée de votre profil aussi vite qu'un psychanalyste. Il vous observe et vous analyse, il perçoit ce que vous allez faire et ce que vous pensez, il connaît vos intentions d'avance. Il sait très bien qui vous êtes, et il le sait parfois mieux que vous-même ! Votre propre chien réagit en fonction de votre personnalité et, s'il devient anormalement agressif, il convient de vous interroger.

Votre chien connaît aussi tous vos parcours et tous vos déplacements. Il sait parfaitement quand vous vous rendez ici ou là, pour qui, pourquoi et comment. Il connaît la clinique vétérinaire où vous avez l'habitude de le conduire.

Si vous passez devant sans l'intention de vous y arrêter, il le sait aussi. Alors il passe son chemin sans réagir, car cela lui est égal. Certains jours, sans qu'un moindre geste se rapportant au vétérinaire ne trahisse la suite des événements, il sait pertinemment que vous avez prévu d'y aller. Vous faites semblant de partir faire quelques courses, vous prenez un cabas, vous avez l'air décontracté, mais, dans votre tête, vous vous dites : « Je vais l'emmener chez le véto. » Eh bien, vous pouvez être sûr que votre chien le sait et qu'il va tirer « au renard » ! Il ne va pas vouloir y aller, car il aime autant aller chez le vétérinaire que vous chez le dentiste... Il existe une transmission de pensée entre l'homme et son chien, et même entre un homme et un chien quel qu'il soit. Ce dernier devine vos intentions. Il suffit que vous bougiez un cil pour qu'il sache ce qui vous traverse l'esprit.

Affirmer cela est facile, encore fallait-il le prouver, lors du colloque, pour que l'on accorde un crédit à ce qui me paraissait être une évidence. Je me suis contenté de proposer l'expérience d'un chien qui est sur son territoire, et où l'on fait pénétrer un certain nombre d'individus, un par un, aussi divers que possible. Tous sont habillés de la même façon et tous adoptent une attitude identique. Pendant un temps indéfini, ils se posent au même endroit et restent immobiles, sans un geste ni une parole, tous regardant la ligne bleue des Vosges. Autrement dit, ils restent inertes, afin de n'éveiller aucune pensée spécifique chez le chien. Seule la personnalité de chacun, qui n'est trahie par aucun signe apparent, fait la différence. On laisse le chien approcher, tourner autour, renifler, regarder, et l'on observe ses réactions. On compare son comportement en rapport avec chaque personne, individuellement. En général, le résultat s'avère concluant : si, dans le groupe, certaines personnes ont des intentions anormales, des pensées agressives ou de peur, le chien réagira en conséquence. Son diagnostic est vite fait et, s'il s'agit, par exemple, de quelqu'un de bienveillant ou d'un *ami*, il remuera la queue de manière à exprimer sa satisfaction.

Bien entendu, à l'époque, je n'avais que cela à offrir. Mais j'étais persuadé que les animaux possédaient un équipement organique extrêmement sensible, leur permettant ces comportements étonnants. De leur détection résultait une déduction logique, très proche de la vérité. Je me fondais sur mes relations avec les fauves. Comme je l'ai déjà écrit, je ne connais pas la peur, mais je n'ai aucun mérite, parce que je suis né comme ça. Même si j'ai toujours été prudent, j'ai pu paraître inconscient aux yeux d'autrui à certains moments, notamment quand il m'arrivait d'entrer dans une cage avec un lion, un tigre ou une ourse blanche, moi qui ne suis pas dompteur. Depuis plus de quarante ans, je tripote plein de bêtes de toutes sortes et, à part deux ou trois chiens et chats, je n'ai jamais été mordu ou griffé. Comment l'expliquer ?

Aujourd'hui, je crois connaître la réponse, grâce à l'imagerie médicale de pointe à laquelle je m'intéresse depuis longtemps. Avant 1975, par exemple, je m'intéressais à l'échographie. Au cours d'une émission de François Delagrange, *Les Animaux du monde*, reprise par sa femme Marlyse, j'ai effectué – ce qui était tout nouveau à l'époque – une échotomocardiographie en temps réel d'un tigron, hybride d'une lionne et d'un tigre. Au cours des décennies qui ont suivi, mon intérêt pour l'imagerie médicale n'a cessé de progresser. La résonance magnétique nucléaire, IRM, et la tomodensitométrie numérisée, communément appelée scanographe, ainsi que les recherches dans le domaine des neurosciences m'ont permis de prendre conscience de certaines observations.

Lors de la création d'une pensée, et surtout si elle implique une action consécutive, des phénomènes chimiques ont lieu au niveau cellulaire qui produisent des ondes électromagnétiques. La pensée peut « voyager » sur ces ondes et être « captée » éventuellement.

La transmission de pensées – et donc des intentions – des animaux entre eux, ainsi que de l'homme à l'animal et vice-versa, peut s'expliquer ainsi.

Le flair et les phéromones sont un autre problème et concernent d'autres domaines. Les pensées enfouies dans le subconscient sont stockées dans une sorte de *fichier neuronal.* Elles produisent aussi des ondes électromagnétiques de faible puissance, et certains individus – les bêtes, en particulier, bien plus que les êtres humains – sont équipés de capteurs assez sensibles pour les décrypter. Un de mes oncles, beau-frère de ma mère, était forestier et faisait commerce du bois. Mon frère aîné travaillait parfois avec lui. Un jour, il est revenu avec un chien de berger, appelé Loupou. C'est ce qu'on appelait aussi un « chien-loup » ou un « berger d'Alsace ». Loupou est le premier chien avec lequel j'ai vécu. Je m'en occupais beaucoup, car mon frère était étudiant en pharmacie en France et il ne vivait plus à la maison. Il allait et venait au hasard des vacances scolaires, nous ignorions toujours les dates précises de son arrivée. Et puis, nous n'avions pas le téléphone à l'époque... Sighet, avec sa seule et unique automobile, c'était un peu la pampa ! Loupou ne manquait jamais de nous prévenir du retour de Sigismond, que l'on surnommait affectueusement Zoli. Le chien savait qu'il revenait, car il le *sentait* et il était bien le seul ! Peut-on encore parler de flair à deux mille kilomètres à la ronde ?

Je suis convaincu de la télépathie qui pouvait exister entre mon frère et lui. Par son comportement, par une certaine excitation et des aboiements répétés, Loupou nous signalait la venue de son maître. Et il ne se trompait jamais...

Un autre chien a été déterminant dans ma vie : il s'agit d'un chow-chow, nommé Souky. Les Chinois appellent ces chiens les « chiens-lions ». Ils viennent du Grand Nord, ont un poil très riche et... du caractère ! Souky était exceptionnel et unique. Il entrait dans la clinique et traversait la salle d'attente en snobant tous les autres chiens. Il était très indépendant et pudique aussi. Quand il avait envie de faire ses besoins, il partait seul dans la rue. Il ne voulait pas qu'on le voie... S'il se rendait compte qu'on le regardait au moment où il allait lever la patte, il tournait la tête avec l'air de dire : « Eh bien quoi, je ne fais rien d'autre que me promener ! »

Souky, c'est une longue histoire qui remonte à 1972. J'étais installé boulevard des Batignolles. Un jour, un client est venu en consultation avec un chow-chow d'environ un an et demi. Il avait, sur la hanche droite, une plaque dépilée de plus de huit centimètres carrés, qu'il léchait. Le type avait d'abord conduit son chien à l'école vétérinaire de Maisons-Alfort où l'on avait diagnostiqué de l'eczéma. Le traitement prescrit n'ayant donné aucun résultat satisfaisant, il avait abouti à mon cabinet. J'ai dû lui proposer une anesthésie générale afin de pratiquer une radiographie des hanches, car j'avais suspecté une arthrite sous-jacente. La radio a confirmé la dysplasie coxo-fémorale, ce qui expliquait la douleur articulaire. Son maître n'est jamais revenu le chercher. Il m'avait donné un faux nom et une fausse adresse... Et me voilà avec un autre chien sur les bras. J'avais déjà Rinka, une chienne berger que j'avais acquise à Villedieu-les-Poêles chez un éleveur amateur mémorable, où j'étais allé chercher un chien pour un ami. Séduit par la beauté et le caractère exceptionnel des chiots, j'en avais pris un pour nous aussi. J'avais également deux autres bergers, sans parler des chats ! J'ai renoncé à le donner à la SPA et, finalement, je l'ai gardé.

Il y avait alors peu de temps que j'avais rencontré Marie-Christine. Je devais partir à Lausanne pour le week-end, assister à une réunion de vétérinaires et, avant de rentrer, me rendre à Genève pour chercher un chien, un griffon Korthals appartenant à des amis. Ce chien était tombé de plusieurs mètres de hauteur lors d'un séjour à Côme, dans le nord de l'Italie, et s'était luxé les deux boulets – les articulations qui relient les avant-bras au pied. Ce genre de trauma empêche le chien de se tenir debout et de marcher. Quant à sa chirurgie réparatrice, ce n'est pas une histoire banale : je devais ramener le chien avec moi par le train afin de l'opérer à Paris. Je téléphone à Marie-Christine et, là, elle m'annonce qu'elle a trouvé un chien, un corniaud, et qu'elle l'a adopté ! Je manifeste un certain mécontentement. J'arrive donc gare de Lyon, bien embarrassé avec mon Korthals sur une sorte de brancard. Marie-Christine est venue me chercher et, m'accueillant sur le quai, elle me présente le chien trouvé. C'était Souky ! Imaginez ma surprise. Il faut dire qu'auparavant elle ne lui avait pas particulièrement prêté attention. Elle devait passer le week-end chez des amis à elle, qui avaient deux chiens. Comme ils s'inquiétaient de ce que devenait Souky pendant mon absence, elle leur expliqua que mon chien avait l'habitude de vivre sa vie à la clinique et de sortir comme il lui convenait. Ses amis insistèrent alors pour que Marie-Christine aille chercher Souky et l'emmène avec elle pour le week-end. C'est ainsi que l'affaire s'est conclue entre ces deux-là !

Depuis, Marie-Christine est la femme avec qui je partage ma vie. Elle avait des « atomes crochus » avec mon chien, à tel point qu'il était devenu *son* chien ! Disons qu'ils se sont séduits mutuellement. Plus tard, je racontais, en plaisantant, que je m'étais marié avec elle pour garder mon chien...

Au début, Marie-Christine ne voulait pas me dire où elle habitait. Je l'ai découvert grâce à Souky : elle vivait à cent mètres de ma clinique à Beaugrenelle. Souky a trouvé son adresse tout seul et il s'y est rendu lors d'une de ses promenades en solitaire. Un jour, le concierge de son immeuble informa Marie-Christine de la venue d'un chien, qui aboyait et insistait pour entrer, le forçant même à ouvrir la porte. Il le bouscula, monta et s'arrêta au quatrième étage, devant chez elle. Souky n'avait jamais mis les pattes dans l'immeuble... Il fallait qu'il ait du « nez » pour parvenir à retracer le chemin d'une femme qu'il connaissait depuis peu ! Il s'est dit : « Je veux aller là » et, grâce à un certain nombre de déductions, il est arrivé à bon port...

Pour compléter les extraordinaires capacités intellectuelles et de transmission de pensée des chiens, je ne peux m'empêcher de retranscrire cette dernière anecdote concernant Souky. A la même époque, j'avais une charmante amie qui habitait l'une des tours du bord de Seine. Un jour, je monte dans son appartement, et la première chose que fait le chien en arrivant c'est d'entrer dans sa chambre, de grimper sur son lit et... d'uriner ! Pourtant, comme je l'ai dit, il était d'une pudeur et d'une propreté exceptionnelles. « Je ne t'aime pas ! » voilà ce qu'il exprimait. Cette jeune personne n'étant manifestement pas à son goût, il n'approuvait pas notre relation, semble-t-il.

Isis est le seul chien qu'il nous reste aujourd'hui. C'est une beauceronne, que l'on appelle communément Bas Rouge, parce qu'elle est noire sur le dessus et fauve au-dessous. Quand Marie-Christine avait ouvert son magasin à la fin de l'année 1995, elle avait été par deux fois inquiétée par des individus suspectés de mauvaises intentions, que les commerçants du voisinage craignaient également. C'est pour cette raison qu'elle voulait un chien, un chien de garde.

Un copain dresseur, ou plutôt éducateur canin, auquel j'avais fait appel, était donc venu le 29 décembre avec trois chiens à nous proposer. Sans hésiter, Marie-Christine avait choisi le premier d'entre eux : Isis, maigre, sale et l'air presque méchant ! En réalité, c'est un amour de chien qui, par sa douceur, sa gentillesse et même son raffinement, approche – voire atteint – la perfection. Et surtout, elle nous apporte chaque jour la preuve que les chiens sentent et savent ce qu'une personne malintentionnée prévoit de faire.

Au magasin, où elle passe une grande partie de son temps, Isis est capable de détecter les pensées des clients, surtout lorsqu'elles sont suspectes. Un jour, deux hommes sont apparus derrière la porte. L'un d'eux est entré. Isis, couchée au fond du magasin, grogna aussitôt et avança vers l'homme. Au deuxième pas de celui-ci, elle grogna à nouveau avec insistance et, au troisième pas, elle lui saisit le bras avec ses dents, sans toutefois le mordre. « On a intérêt à se tirer ! » annonça l'autre, resté dehors. Isis continua de faire le guet pendant plus d'une heure. Il était évident que ce n'étaient pas des clients, mais la réaction de notre chienne était quand même étonnante, parce que, d'habitude, elle n'aboyait ni ne grognait jamais. Par exemple, lorsque le téléphone sonne à la maison ou si on sonne à la porte, elle vient nous le signaler, l'air de dire : « As-tu entendu ? » Ce qui me laisse penser aujourd'hui que les deux hommes devaient avoir des intentions vraiment délictuelles.

Une autre fois, il s'agissait d'un homme d'une cinquantaine d'années, beau et très élégant, le genre à aimer le luxe et à acheter tout le magasin. Eh bien, Isis n'a même pas voulu le laisser entrer ! Elle a fait barrage devant la porte et, en dépit de l'insistance de l'individu et malgré l'étonnement de Marie-Christine, elle n'a pas bougé et est restée plantée là, sur ses gardes. « T'occupe pas ! » semblait-elle dire à sa maîtresse, qui a fini par laisser tomber. Dans l'heure qui a suivi, une voisine, cinq ou six magasins plus loin, appelait pour la prévenir de faire attention à ce « gentleman », qui venait de la braquer...

Pour finir, un jour, lors d'une promenade au Champ-de-Mars, Isis, dont la place habituelle est devant, au pied de la place du passager, jamais à l'arrière de la voiture, s'était mise à aboyer très fort. Mon épouse avait posé son sac à main sur le siège du passager tout en téléphonant sur son portable pendant qu'elle contournait le véhicule pour s'asseoir au volant. Un homme s'était approché de la portière du côté passager. Isis s'était manifestée bruyamment et méchamment, alors que, encore une fois, elle n'aboyait jamais en temps normal. Le gars avait pris peur et s'était enfui.

Les bêtes ont les capteurs d'ondes que, nous, nous n'avons plus vraiment. Depuis que l'homme a acquis le verbe et, par la suite, l'écriture, il a perdu ces capteurs dont l'*Homo erectus* – entre autres, parmi nos ancêtres – était peut-être encore muni. Il communique autrement. Il a inventé une foison dc moyens de communication qui, en se substituant à ses propres antennes naturelles, ont fini, plus ou moins, par les faire disparaître. Nous avons le verbe et, souvent, le geste qui l'accompagne. Les animaux ont la pensée et le langage, même s'ils diffèrent des nôtres. Nous arrivons parfois à les comprendre, et même à nous parler. Comme je l'ai écrit précédemment, j'ai appris quelques onomatopées de tigres. Lorsqu'il m'arrive de les saluer pour me faire accepter, j'émets des sons en soufflant entre mes lèvres. La plupart du temps, les tigres me comprennent et me répondent, en produisant des sons qui ressemblent à ceux que j'ai appris à faire.

Je crois comprendre qu'en émettant ces sons typiques du langage des tigres je leur transmets, en plus des ondes sonores, des messages relatifs à mes pensées et à mon attitude, par voie électromagnétique.

Pour conclure brièvement sur la transmission de pensées chez les bêtes, on peut faire référence à Homère et à *L'Odyssée*. Qui, le premier reconnaît Ulysse de retour à Ithaque, après dix-neuf années d'absence ? Son chien Argos, bien sûr, aveugle, de surcroît... qui mourut aussitôt, après avoir attendu le retour de son maître.

9

Des Batignolles à Beaugrenelle

C'est en novembre 1957 que j'ai repris le cabinet, boulevard des Batignolles, dont j'ai parlé plus haut. Il était alors fermé. Mon prédécesseur, un confrère replié de Tunisie, l'avait racheté deux ans auparavant à celui qui y était installé depuis avant la guerre. Il s'était fait rouler dans la farine ! Le pauvre n'avait même pas un client par jour. Je l'ai racheté au prix qu'il l'avait payé... Jusqu'en 1981, j'y ai travaillé en tant que praticien vétérinaire, non seulement pour les chiens, les chats, les lapins, les souris, les oiseaux et autres animaux de compagnie, mais aussi pour les bêtes d'un bon nombre de parcs zoologiques et de cirques.

Le cabinet était minuscule. Il mesurait quarante-huit mètres carrés, auxquels s'ajoutaient quarante mètres carrés au sous-sol. Six mètres sur huit, ce n'est effectivement pas grand. Mais il y avait quand même une salle d'attente pouvant contenir cinq « patients » accompagnés de leurs maîtres. Elle donnait directement sur la rue. J'avais mis des bat-flanc en verre translucide, afin de séparer les places. Ces cloisons adaptées évitaient les risques éventuels de bagarre entre animaux, car, dans la salle d'attente d'un vétérinaire, il arrive parfois qu'un chien anxieux – ou en concurrence avec d'autres rivaux – entre en conflit avec un congénère et se révèle excessivement agressif. Quant aux chats, il fallait les mettre à l'abri des animosités provoquées par la proximité d'un chien. Les cloisons évitaient aussi, bien sûr, les contaminations par voie de contact direct.

Dans mon cabinet principal, qui faisait quatre mètres sur trois, j'avais construit une table électrique. A ma connaissance, cela n'existait chez aucun de mes confrères. On n'était pas encore à l'ère informatique et tout relevait de l'électromécanique. Je dois dire que j'en connaissais un rayon, en la matière ! J'avais conçu cette table en utilisant un pied de dentiste d'occasion à commande électrique. J'avais construit un système de suspension et de basculement (jusqu'à 60°). Le plateau, entouré par une bordure et muni d'un trou d'écoulement, pouvait se mettre en position oblique (bien sûr, j'avais prévu des attaches pour éviter que l'animal anesthésié ne tombe). C'était pratique, car cela permettait d'écarter des organes qui gênaient pendant une intervention chirurgicale. Le plateau – ni trop froid ni glissant – descendait à cinquante centimètres du sol afin que mes patients y grimpent sans difficulté.

Dans *Ces bêtes qui m'ont fait homme*, une photo montre une lionne du Jardin d'Acclimatation, allongée sur cette table. La lionne avait un pyomètre, c'est-à-dire que son utérus était rempli de pus. Je l'avais anesthésiée au pistolet et l'avais transportée boulevard des Batignolles. Nous avions même été escortés par la police ! L'extrême mobilité du plateau facilitait drôlement mon travail, car, en toutes circonstances, aussi exceptionnelles et délicates soient-elles, il me permettait d'accéder sans problème aux organes de la bête. Ce fut le cas avec cette lionne. Ainsi avais-je pu l'opérer plus rapidement et plus efficacement.

Derrière mon cabinet principal, il y avait un deuxième cabinet, traversé par une poutre maîtresse rectangulaire, soutien de l'immeuble. J'y avais attaché un bras télescopique construit avec des fers en U et des cornières, portant un appareil radiographique avec son centreur lumineux. Entre les deux cabinets, se trouvaient le secrétariat et le central téléphonique d'un mètre carré à peine. Pour entrer dans la pièce, il y avait deux portes à glissière de cinquante centimètres chacune, ce qui signifie qu'une femme enceinte aurait eu quelques difficultés pour passer...

Dans ce petit cabinet, de nombreux cas médicaux ou chirurgicaux, relativement spécifiques, ont été évoqués, traités ou appliqués, pour la première fois peut-être. Premières analyses de sang, injections intraveineuses, anesthésies diverses, etc., sont autant d'événements qui ont marqué ma vie professionnelle. Sur une photo, utilisée sur une plaquette publicitaire à l'adresse des vétérinaires, on découvre le premier appareil d'anesthésie gazeuse fabriqué en France. Le patient était un épagneul breton ; j'y apparais masqué par la blouse chirurgicale, afin de rester anonyme.

C'est dans ces locaux exigus qu'en 1958, au tout début de mon installation, je m'étais occupé de Golotte, la guenon que Jim Frey, dompteur de lions, avait offerte à Martine Beauvais, attachée de presse des Bouglione. Golotte était alors âgée d'environ dix ans et elle commençait à avoir des canines dangereuses. A l'époque, la coutume était de casser les dents de l'animal, ce que l'on m'avait demandé de faire. J'avais refusé et j'avais proposé d'entreprendre un vrai travail de chirurgie dentaire, avec l'aide précieuse d'un ami dentiste et de son assistante, afin de limiter le temps de l'anesthésie. Dans les années 50, l'anesthésie correcte d'un singe – sans trop de risques – était déjà une prouesse. Mais il ne fallait pas abuser de la durée...

Nous avions anesthésié la guenon et coupé ses canines à la base. Puis, nous les avions dévitalisées, c'est-à-dire que nous avions enlevé le groupe vasculo-nerveux dans les racines. Enfin, nous les avions nettoyées et obstruées, sans laisser la moindre trace d'une cellule sanguine, pour éviter tout risque d'abcédation. Chez l'homme, la racine dentaire est conique et le canal extrêmement fin. Chez le singe, en revanche, la racine va en s'évasant et le diamètre du canal dentaire peut atteindre 1,5 millimètre environ. Ce qui veut dire que le nettoyage d'une dent représente un travail herculéen !

Il avait fallu faire les quatre canines dans un temps limité par l'anesthésie (qui consistait en l'injection d'un barbiturique par voie intraveineuse). A nous trois, nous avions mis une heure pour mener à bien ce travail délicat, ce qui, je peux le dire aujourd'hui, était un record ! Martine avait fait venir une équipe de télévision. Il se peut que cette intervention ainsi que sa diffusion sur le petit écran aient été une première mondiale.

A la suite de la diffusion de cette intervention dentaire, qui d'ailleurs avait été très bien accueillie, j'avais été invité à l'émission vedette *Au-delà de l'écran*. C'était en direct, un dimanche après-midi de 1958 ! J'avais amené à l'émission un perroquet qu'une de mes clientes avait abandonné, car il s'arrachait les plumes. Ma compagnie devait le satisfaire, il avait guéri sans aucun traitement. J'avais fini par le garder. Souvent, le perroquet restait sur mon épaule. Il disait même un certain nombre de mots copiés sur mon vocabulaire. J'avais peut-être contribué à sa guérison, mais lui m'avait permis de parler des bêtes, déjà en ce temps-là, comme aujourd'hui. Il me servit de témoin vivant lors de ma première intervention télévisée... poursuivie ensuite pendant quarante ans !

Evoquer les rapports des hommes avec les bêtes était assez nouveau. On connaissait surtout les mémères et les pépères avec leurs chiens qui leur tenaient compagnie dans leur solitude. Le zoo de Vincennes existait depuis 1934, le Jardin des Plantes datait du XIXe siècle... En tout cas, les bêtes n'occupaient guère le petit écran. D'ailleurs, ce dernier n'avait pas encore envahi tous les logements. Les quatre frères Bouglione étaient au Cirque d'Hiver, le Médrano était boulevard de Rochechouart.

Dès 1960, j'ai aussi participé à des émissions de télévision hebdomadaires que j'avais proposées. Tournées dans mon cabinet du boulevard des Batignolles, elles concernaient les abandons de chiens et de chats, et, à cette époque-là, ce problème n'était guère soulevé – et encore moins dénoncé. Cette première émission produite par Frédéric Rossif, s'intitulait *Je cherche un maître*. Le réalisateur en était Jean-René Vivet. Je choisissais la plupart du temps le sujet et les protagonistes animaux.

J'avoue aujourd'hui avoir triché, une fois, dans l'intérêt des chiens. Je voulais choquer les téléspectateurs afin de provoquer une réelle prise de conscience.

Les abandons se multipliaient, notamment au moment des vacances, et la situation commençait à devenir très préoccupante. Je la jugeais inadmissible. J'avais donc filmé le prétendu abandon d'un chien qui n'était autre que l'un des boxers de Mme de la Mette, surnommée Minouche. Cette dernière – une femme merveilleuse – était non seulement ma voisine, mais aussi l'ex-présidente du Club du boxer. J'avais utilisé l'un de ses nombreux chiens pour mimer un abandon dans le bois de Fausse-Repose : un homme arrivait en auto, se débarrassait de son chien et repartait en trombe. Le chien courait après l'auto de son maître, au risque de se faire écraser. Mais la voiture disparaissait, le laissant seul, perdu, à mille lieues de comprendre ce qui lui arrivait. Je voulais que les images frappent les esprits.

C'est encore boulevard des Batignolles qu'avait été tournée, en 1962, la première émission d'information et de communication concernant la rage. Le Pr Lépine, patron, à l'époque, du service Rage à l'Institut Pasteur, était intervenu. C'était nouveau, car la France était alors indemne de rage. Ces émissions étaient destinées à l'éducation du public. Elles intéressaient tous ceux qui avaient dans leur foyer un animal « de famille », un chien, un chat ou des oiseaux, mais pas seulement, car il était question également des animaux de ferme, des renards et même du gibier.

A l'époque, j'avais une chienne griffon Korthals, que j'avais baptisée « Pousse ». Elle ne me quittait pas d'une semelle et vivait vingt-quatre heures sur vingt-quatre avec moi. Elle avait souvent mal aux oreilles et, par conséquent, elle avait l'habitude de grimper sur ma table de consultation pour que je les lui nettoie. Pourtant, elle n'aimait pas ça et, chaque fois, elle ne manquait pas de faire de la résistance... Elle refusait de monter sur le plateau, même si je le descendais au maximum pour lui faciliter la tâche. Mais le jour où l'on tournait une émission de télévision, où les caméras et les journalistes étaient présents, la Pousse se comportait tout à fait différemment : elle m'obéissait au doigt et à l'œil ! Il suffisait que je lui demande de sauter sur la table pour faire une démonstration du nettoyage des oreilles de chien, pour qu'elle vienne tout de go et grimpe dessus. Et avec le sourire, en plus !

C'était une vraie comédienne. On pouvait le lire dans son regard. Elle jouait son rôle à la perfection, sachant faire la distinction entre le vrai et le faux. Elle agissait d'une certaine manière quand c'était « pour de bon », et d'une tout autre manière – nettement plus coopérative ! – quand c'était du cinéma. La télévision lui plaisait manifestement beaucoup et elle participait toujours avec un plaisir non dissimulé à chacune des émissions. La Pousse m'avait permis déjà, à l'époque, de subodorer la communication entre la bête et l'homme uniquement par la pensée. Certes, elle était témoin de chacun de mes gestes et certains d'entre eux la mettaient sans doute sur la voie. En plus, il y avait la présence – pas particulièrement discrète – des caméras. Mais cette chienne devinait aussi mes intentions, c'était évident.

Grâce à elle et à son comportement extrêmement intuitif, j'ai commencé à réfléchir sérieusement sur la transmission de pensée entre les êtres vivants des différentes espèces.

Il était paradoxal que j'aille chasser sans chien. J'avais donc acheté la Pousse avec l'un de mes bons amis, un homme d'une gentillesse et d'une douceur incroyables, qui s'appelait Marcel Delaporte (rien à voir avec le catcheur, il s'agissait seulement d'un homonyme). Tous les deux, nous avions décidé d'acquérir un griffon Korthals. C'était une race de chien considérée parmi les meilleures en matière de chasse, que ce soit en plaine, à l'eau, au rapport ou à la quête. Nous étions donc partis chez M. Renard, éleveur de griffons Korthals au moulin de Pithiviers. Des chiots venaient de naître, ils avaient deux jours à peine. J'avais choisi une femelle, tandis que Marcel avait préféré prendre un petit mâle. Nous les avions laissés là-bas jusqu'à ce qu'ils atteignent deux mois et soient sevrés.

Dans ces années-là, il y avait beaucoup de chiens qui souffraient de la maladie de Carré, affection virale extrêmement grave, qui se révélait le plus souvent mortelle. Aussi n'avais-je pas osé amener ma petite chienne chez moi, et encore moins au cabinet. Je l'avais donc confiée à Marcel, pendant trois semaines environ, après l'avoir vaccinée. Il faut noter que, à la fin des années 50, les vaccinations des chiens n'étaient pas monnaie courante et la qualité des vaccins était encore « douteuse ». Mais là n'est pas mon propos. Dès que ma petite chienne avait été séparée de sa mère, c'était donc Marcel qui s'était occupé d'elle. C'était lui qui l'avait nourrie et c'était lui qui avait assuré ses « premiers pas ». Trois semaines, ce n'était pas long, mais cela avait suffi pour faire de lui son véritable maître. Il l'appelait « ma puce ». Quand je l'ai reprise, « ma puce » s'est transformée peu à peu en « ma Pousse »...

Durant toute sa vie, la Pousse a vécu avec moi, elle a dormi à côté de mon lit et ne m'a quasiment jamais quitté. Malgré l'amour et la complicité qui existaient entre nous, Marcel était resté « son papa » pour toujours. Quand il apparaissait, il n'y en avait que pour lui ! Elle lui faisait la fête d'une façon incroyable. Lorsque nous partions chasser ensemble et qu'il m'arrivait – assez fréquemment, d'ailleurs – de louper un petit gibier, la Pousse me laissait carrément tomber, l'air de dire : « Tu es vraiment ridicule ! » Puis elle s'en allait passer la journée avec Marcel et chasser pour lui.

Les liens originels, ceux qui se tissent dès la naissance, sont inaliénables. Et l'affectivité première, ou *princeps* en latin, marque toute une existence, quelle que soit sa durée initiale. Elle est comme un sceau où reste gravée l'empreinte de l'autre. Pour ma Pousse, c'était Marcel qui était inscrit dans sa mémoire. Il avait tout de suite remplacé sa vraie mère et avait donc participé aux fondations de sa propre construction. Moi, je n'étais que le second. C'est une expérience dont j'ai retenu la leçon toute ma vie, pour comprendre l'importance fondamentale du lien entre la mère, le père et l'enfant. J'y reviendrai plus loin.

Boulevard des Batignolles, une émission de télévision « caméra cachée » avait aussi été tournée. Le but était de savoir ce qui pouvait bien se dire dans la salle d'attente d'un vétérinaire, et ce que pouvaient bien penser les bêtes de tout cela. La voix off d'un comédien permettait de le deviner.

On avait donc fait venir des gens avec leurs animaux. Tous savaient qu'on tournait une émission de télévision, mais ils ignoraient ce qui les attendait vraiment. Volontairement, on les avait fait patienter longtemps dans la salle d'attente. Afin de délier les langues et déclencher des conversations intéressantes pour notre « caméra cachée », j'avais introduit dans le groupe une amie avec son teckel. Dans ce genre de situation, les commentaires sont drôles, et les expressions des animaux encore plus ! On avait creusé un trou dans le mur donnant sur l'escalier qui descendait au sous-sol. On y avait installé une caméra et un micro. Un rideau en jute faisait penser à des travaux...

Dans un deuxième temps, on avait fait entrer les gens et leurs animaux un par un dans mon cabinet, où une caméra cachée filmait à hauteur du sol. On ne voyait donc que les jambes des humains et les animaux. On entendait la voix off, comme si c'était le chien, ou le chat, qui était l'auteur des commentaires.

Le 52, boulevard des Batignolles, c'était la cour des Miracles ! Lions, tigres, ours, chimpanzés de grande taille, gorilles, panthères, ocelots, jaguars, etc., y sont venus se faire soigner. Et la liste est loin d'être exhaustive. J'avais aussi la responsabilité des chevaux, guépards et autres animaux du Lido... et les dauphins du Moulin-Rouge !

Avant d'installer les dauphins au Moulin-Rouge, on avait conçu la construction d'une piscine qui devait monter pour arriver sur scène et descendre dans un espace réservé aux cétacés. L'eau était filtrée avec des diatomées et du charbon actif. Son degré de salinité était dosé et contrôlé trois fois par jour. Pour remplacer la lumière du jour, j'avais prévu des tubes actiniques. L'un des numéros consistait à faire enlever le maillot de bain deux pièces de la danseuse par les dauphins...

J'ai été le docteur des dauphins, avant d'être celui des crocodiles – dont l'un avait été opéré à la clinique, car il avait eu un doigt mordu et écrasé par un congénère. Pour que je puisse m'occuper des dauphins et les soigner quand c'était nécessaire, on vidait en grande partie la piscine, ne laissant qu'une vingtaine de centimètres d'eau. Comme ils ne pouvaient plus nager, je les approchais sans difficulté et je ne risquais pas de recevoir un coup de queue, lequel peut casser une jambe ! Il est à noter qu'il n'est pas évident de faire une prise de sang aux dauphins, car leurs veines se trouvent au fond d'une rigole dans la queue ou l'aileron. Elles ne sont pas en saillie, comme c'est le cas pour nous.

Dans les années 60, Siegfried et Roy, deux illustres prestidigitateurs allemands, y avaient débuté avec un guépard. Je le mettais sous perfusion une ou deux fois par semaine, car il souffrait d'une insuffisance hépatorénale. Les soins se pratiquaient dans leur loge minuscule, sur un matelas large de quatre-vingt-dix centimètres posé sur un sommier tout simple. Les vêtements étaient accrochés au-dessus de nos têtes. Inutile de vous dire que, le jour où tout nous est tombé sur la tête, le guépard s'est vigoureusement débattu !

Quelques années plus tard, Siegfried et Roy étaient partis à Las Vegas. Ils étaient devenus des supervedettes, connues du monde entier. C'étaient eux qui avaient eu les premiers tigres blancs, avec lesquels ils réalisaient d'incroyables tours de magie. J'étais allé les filmer là-bas et, en 1992, je les avais présentés à la télé, au *Club Dorothée*, sur TF1. Les deux illustres magiciens avaient construit un véritable palais blanc pour leurs tigres tout aussi blancs. Leur demeure était une sorte de caverne d'Ali Baba, une ménagerie exceptionnelle qui avait été filmée et diffusée dans le monde entier. L'attitude de ces deux artistes, qui vivaient avec une grande quantité de bêtes de différentes espèces, pourrait se résumer ainsi : rien n'est trop beau pour ceux que l'on aime.

Dans les années 70, j'étais encore aux Batignolles. J'allais de temps en temps à l'hôpital Franco-Musulman de Bobigny, aujourd'hui hôpital Avicenne, dans le service ORL dont le chef était un ami. J'y transportais mon équipement d'anesthésie gazeuse avec une grande bouteille d'oxygène, et un ou deux chiens à examiner. Je trimbalais tout cet attirail jusqu'au cinquième étage, par l'ascenseur tout de même, afin d'effectuer des « potentiels évoqués auditifs », ce qui, à ma connaissance, ne se pratiquait encore nulle part.

J'en reviens à mon ami. Ce grand patron ORL avait acquis un cheval pour une somme dérisoire, car il était à deux doigts d'être transporté à l'abattoir. Un vétérinaire spécialiste en équine l'avait condamné, ayant diagnostiqué un cancer du cricoïde, l'os cartilagineux situé à la limite inférieure du larynx. Notre ami avait acheté ce cheval parce que son épouse voulait pratiquer l'équitation. Après un examen clinique, nous étions convenus, avec un autre ami médecin, grand chirurgien et patron d'un service dans un hôpital parisien, d'effectuer une intervention chirurgicale exploratrice. Résultat des courses : il s'agissait simplement d'un cornage, vibration anormale des cordes vocales, qui avait visiblement déjà été opéré à deux reprises, mais sans succès. Notre intervention a bien réussi et sa maîtresse a pu galoper sur son cheval. Par la suite, il a été revendu à un tarif normal. Dans cette petite aventure, il avait surtout gagné quelques années de vie.

En février 1962, j'ai eu la chance de participer au voyage inaugural du paquebot *France*. De nombreuses personnalités étaient présentes, comme mon ami Joseph Kessel. Pour la petite histoire, je me souviens de l'anniversaire de Juliette Gréco. Ce jour-là, il me semble que nous avons dansé le twist pour la première fois.

A l'occasion de ce voyage, je m'étais rendu à l'inauguration de l'Animal Medical Center (AMC), la plus grande clinique vétérinaire pour petits animaux au monde ! Elle était située 62e Rue East River Drive, à New York. Ce centre était extraordinaire avec ses six étages sur pilotis, sa climatisation sur le toit et ses dix-sept vétérinaires. J'ai eu l'occasion d'en parler, en français, sur l'émission radiodiffusée importante à l'époque, *La Voix de l'Amérique*.

C'est à partir de ce moment que, dans ma tête, commença à germer l'idée d'une grande clinique pour petits animaux à Paris. Il m'a fallu vingt ans pour concrétiser mon rêve et ouvrir, en 1981, la clinique Beaugrenelle.

Ce n'était pas seulement la réalisation d'un idéal, c'était aussi une véritable stratégie de ma part, liée à la prise de conscience des évolutions en cours. A cette époque, on assistait à un début d'ouverture des frontières, notamment pour les professions libérales. En France, les études vétérinaires étaient particulièrement ardues : sur trois mille candidats, on n'en prenait que trois cents, répartis dans les trois écoles vétérinaires – Maisons-Alfort, Toulouse et Lyon. Ainsi, dans les années 70, de nombreux vétérinaires belges venaient en France, alors que les étudiants français ayant échoué au concours d'entrée partaient en Belgique, où il suffisait de s'inscrire à l'université.

De plus, comme on l'a vu, le monde rural se dépeuplait en animaux, car l'élevage n'était plus rentable. Parallèlement à cela, la population des animaux de compagnie augmentait considérablement. Les vétérinaires, eux aussi, finissaient par migrer vers la ville et, parmi eux, il y avait de plus en plus de femmes.

Depuis 1960, j'avais déjà des assistants et je crois avoir été l'un des premiers à en avoir de sexe féminin. En 1970, j'avais eu l'occasion exceptionnelle d'avoir un assistant américain. Après être retourné aux Etats-Unis, nommé chirurgien en chef à l'Animal Medical Center, puis installé à Los Angeles, il était devenu l'un des chirurgiens orthopédistes les plus réputés aux Etats-Unis. L'Animal Medical Center avait permis des progrès énormes concernant la médecine et la chirurgie pour petits animaux. Je ne voulais pas passer à côté. Je me disais que je ne pouvais plus rester tout seul dans « un petit trou des Batignolles ». Vu l'étendue des connaissances nécessaires à un exercice honnêtc de la profession, je devais à présent travailler en équipe et être capable d'offrir une gamme de services la plus large possible. Je rêvais d'une vraie clinique vétérinaire, moderne, voire révolutionnaire. Mais évaluer ce projet ambitieux en chiffres, tant du point de vue de la surface que du personnel, de l'équipement, etc., c'était herculéen !

Il avait fallu cinq ans (de 1958 à 1962) pour réaliser l'Animal Medical Center qui avait coûté huit millions de dollars, et était financé par la SPA américaine. Je savais qu'en France ce serait plus difficile. Et ce fut le cas...

Pendant toutes les années qui ont suivi ma visite de l'AMC, je n'avais qu'un but : concevoir et créer ma propre clinique à Paris. Aux Etats-Unis, il en existait de toutes les tailles, mais là-bas les conditions n'étaient pas les mêmes. Les Américains se déplaçaient beaucoup en voiture. Le vétérinaire pouvait construire un cube ou un parallélépipède en parpaings et pratiquer la distribution de ses locaux selon sa fantaisie. C'était d'autant plus facile que le prix des terrains était ridicule par rapport à chez nous. Je savais que, si je m'installais dans la périphérie de Paris, je n'aurais aucune chance de voir venir les Parisiens. Intra-muros, cent mètres carrés s'apparentaient à une gageure ! Néanmoins, je ne voulais pas abandonner mon idée. Le nouveau quartier du Front de Seine, avec ses tours en face de la Maison de la Radio et de la statue de la Liberté, ainsi que la tour Eiffel à quelques centaines de mètres, semblait devenir le Paris de la fin du siècle. La clinique vétérinaire devrait être là, à Beaugrenelle ! Et ce, même si, tout près de l'emplacement prévu pour les fondations, il y avait autrefois un bal populaire bien connu et plutôt mal famé...

Après avoir échafaudé un grand nombre d'idées, il fallait bien passer du rêve à la réalité. J'avais donc commencé à évaluer les possibilités réelles de surface que l'on pouvait me proposer dans le secteur de Beaugrenelle. Le bail, de trente ans, a été signé en 1979, alors que le centre commercial n'était qu'à l'état de maquette et de plans. Mais j'avais dû batailler pendant presque deux ans pour que mon projet voie enfin le jour.

Tout d'abord, il avait fallu s'assurer le financement, non seulement pour la construction et l'aménagement de la clinique, mais aussi pour une période intermédiaire qu'on avait du mal à évaluer, car il s'agissait d'une création nouvelle et même d'une innovation : un établissement offrant des soins pour animaux avec tous les services possibles, trois cent soixante-cinq jours par an, vingt-quatre heures sur vingt-quatre. J'avais eu de la chance, car le président de la société financière concernée m'avait accordé le prêt de plusieurs millions de francs que j'avais demandé, après une simple visite de ma « boutique des Batignolles ». Cela représentait beaucoup d'argent ! Il s'était lui-même déplacé, il était descendu au sous-sol – « l'Hôtel-Dieu au Moyen Age » ! – et, me faisant instantanément confiance, il m'avait donné son accord. Je lui en suis toujours reconnaissant.

Le plus difficile fut la conception des locaux et des équipements. Le centre commercial n'existant pas encore, je devais imaginer la clinique par rapport aux plans et à une maquette approximative. Il fallait s'adapter à la configuration de la construction et tenir compte des impératifs imposés par la réglementation des immeubles de grande hauteur, en matière de sécurité. Le bien-être des animaux était ma préoccupation principale, mais il fallait ajouter d'autres paramètres tels que le confort du personnel soignant et la rentabilité des soins et des examens, par exemple. Limiter les distances et les mètres à parcourir dans tous les sens, accroître la rapidité – donc l'efficacité – des actes médicaux et chirurgicaux, prévoir l'écoulement des eaux tout comme une insonorisation de qualité, faciliter la circulation des informations, etc., représentaient autant de facteurs à ne pas négliger. Il fallait aussi inclure l'étude et les prévisions d'installations informatisées. Dans le monde vétérinaire, ce chapitre était à l'état pré-embryonnaire.

Etant donné la configuration des lieux, il fallait prévoir des systèmes de climatisation adéquats. Or, à la fin des années 70, les architectes comme les entrepreneurs étaient plutôt ignorants dans ce domaine. La législation des bâtiments de grande hauteur étant particulièrement contraignante, le moindre problème technique semblait encore plus difficile à gérer. Les mauvaises surprises n'ont pas manqué : par exemple, selon le bail, il était prévu 4,20 mètres de hauteur et quatre cents mètres carrés au niveau de la rue. Normalement, il m'était possible de construire trois niveaux, tout en sachant que le premier d'entre eux devait donner directement sur la rue, de plain-pied. Eh bien, je n'avais eu que quatre mètres de hauteur et j'avais dû construire trois marches et descendre pour entrer... Les vingt centimètres de hauteur manquants m'avaient aussi obligé à supprimer des vestiaires et des douches pour le personnel. Ce n'était qu'une question de centimètres, qui pouvaient apparaître comme de menus détails, mais en réalité, à cette échelle, cela devenait un véritable casse-tête et allait requérir beaucoup de temps d'étude et un budget accru !

Un autre exemple : les travaux de la salle de radiologie avaient dû être interrompus alors que les murs étaient montés à 90 %. Il a fallu les démolir et recommencer le tout de zéro. On avait prévu des parpaings pleins, de vingt centimètres, pour assurer la protection anti-rayonnements ioniques obligatoire. Ce sont les ouvriers maçons qui ont attiré mon attention sur le poids, manifestement trop élevé, des murs. Il y avait des salles de cinéma prévues au-dessous... On a dû utiliser des matériaux plus légers et les garnir de feuilles de plomb, de manière à respecter les protections nécessaires. Inutile de dire que les délais avaient été chamboulés et que les entreprises ne s'étaient pas considérées comme responsables des retards. Toutes ces erreurs étaient dues aux architectes et aux sociétés de contrôle officielles, rémunérées à cet effet. Mais j'ai dû « avaler » tout cela, en supportant le poids de toutes les fautes commises...

C'était la seule clinique vétérinaire dans Paris qui, en vertu de la législation sur les établissements classés, avait l'autorisation d'hospitaliser cinquante animaux. Les salles d'hospitalisation des bêtes étaient climatisées. Elles étaient inaccessibles aux maîtres afin d'éviter tout risque de contamination. Cela permettait aussi de garder un bon contrôle psychologique sur les patients, qui ne les voyaient pas. Mais les maîtres, eux, pouvaient voir leurs animaux – même en gros plan – grâce à des caméras télécommandées incluant le son aller-retour. Ils pouvaient parler à leur chien ou à leur chat, et l'on pouvait observer les réactions curieuses des animaux qui reconnaissaient les voix, mais se demandaient où leurs maîtres pouvaient bien se cacher... La communication n'était jamais interrompue, et la surveillance non plus.

Les services que l'on proposait étaient innovants. La chirurgie occupait une place prépondérante, et l'imagerie médicale aussi. A l'époque, la radiologie débutait dans le monde vétérinaire et il y avait encore de nombreux progrès à faire. Les analyses étaient envoyées dans les laboratoires de médecine humaine. Le délai de récupération des résultats était excessif. Pour les cas d'urgence, il était évident que le temps d'exécution d'un bilan biologique autorisant une intervention chirurgicale devait être très court. De plus, statistiquement parlant, les urgences ont souvent lieu le soir, la nuit, les dimanches et les jours fériés, quand les laboratoires sont fermés...

Au début, je me débrouillais pour fonctionner en urgence et en permanence totale avec des amis médecins biologistes, grâce au téléphone et à la télécopie. Mais j'avais fini par installer un laboratoire sur place pour les examens de base, et j'obtenais les résultats en quelques minutes. Pour les recherches plus complexes, on continuait à adresser les prélèvements aux laboratoires spécialisés. Progressivement, les constructeurs concevaient des appareils d'analyse de plus en plus rapides et performants, tant dans le domaine de la médecine vétérinaire que de la médecine humaine, et l'on a pu effectuer – au cœur de la clinique même – pratiquement toutes les analyses possibles et imaginables.

Mon objectif était de pouvoir offrir un service d'urgences opérationnel vingt-quatre heures sur vingt-quatre. Cela passait par notre indépendance vis-à-vis des laboratoires, ainsi que par la disponibilité de notre équipe dans un minimum de temps. Dès le début, j'avais prévu la permanence d'un vétérinaire sur place toutes les nuits, les week-ends et les jours fériés. Un chirurgien était toujours d'astreinte, donc disponible et, si possible, à proximité.

Le service de chirurgie comprenait une salle de préparation pour l'induction de l'anesthésie, le nettoyage, la tonsure, la désinfection du site opératoire et le détartrage dentaire. Y étaient aussi effectués le lavage des instruments chirurgicaux et les pansements postopératoires.

Il y avait aussi, bien sûr, la salle d'opération, aux portes coulissantes, aux parois lisses anti-statiques, le sol spécialement conçu pour les salles stériles, avec son double plancher démontable par carrés juxtaposés. Elle devait être stérile, dans les meilleures conditions possibles. Aussi, l'échange en air stérile s'effectuait-il toutes les minutes.

Au-dessus de chaque table, étaient installés des filtres absolus qui ne laissaient passer que des particules inférieures à 0,2 micron. Il faut préciser que ces flux laminaires – qui n'étaient utilisés, à l'époque, que dans les laboratoires de virologie – arrêtent tous les germes. La salle était climatisée et l'atmosphère, dans l'espace conique de chaque table, se transformait en air stérile dix fois par minute, ce qui assurait, en toutes circonstances – même sans masque – d'excellentes conditions d'asepsie au site chirurgical. Sous le double plancher, une autre rangée de tubes germicides maintenait l'atmosphère stérile en permanence. Il y avait des grilles à quatre-vingts centimètres du bord de chacune des trois tables d'opération, pour la reprise d'air sous le plancher. L'autoclave était installé dans la salle, les instruments et les vêtements sortaient stérilisés sous pochette soudée. Le lavabo, dans la salle lui aussi, distribuait de l'eau et du savon exclusivement stériles. La salle d'opération était toujours en surpression. Lorsque les portes sont ouvertes, l'air extérieur ne pénètre pas, alors que l'air intérieur sort. Vingt-cinq ans après, il n'y a toujours pas une trace de poussière sur les murs de cette salle...

Plusieurs années auparavant, j'avais présenté la première bulle stérile au monde, qui permettait d'opérer n'importe où, dans des conditions de stérilité exceptionnelles. Ce dispositif permettait de pratiquer les interventions chirurgicales dans la jungle, dans le désert, en pleine campagne, n'importe où ailleurs.

Un jeune confrère a préparé sa thèse de doctorat vétérinaire basée sur les conceptions de stérilité de ma salle d'opération à Beaugrenelle. En 1982, le Pr Cabrol avait visité la clinique. Il était question d'y implanter le premier cœur artificiel sur des génisses. Impressionné par tous ces paramètres techniques, grâce auxquels on obtenait un taux de stérilité maximal – 99,97 % –, il m'avait proposé de lui construire une salle d'opération similaire à la Salpêtrière !

Dans ce « théâtre d'opérations », comme on le dit en anglais, aux équipements d'avant-garde, j'ai pu pratiquer des chirurgies orthopédiques, telles que des prothèses totales de hanche (coxo-fémorales). L'acquisition d'un microscope chirurgical nous permettait aussi d'effectuer des interventions de microchirurgie, notamment dans le domaine ophtalmologique.

L'imagerie médicale regorgeait d'astuces : l'appareil de radiologie de 1 000 milliampères permettait des durées d'exposition ultrabrèves. C'était un Télémax 1 050 informatisé, qui rendait possible la scopie et le centrage télécommandé. Le circuit de magnétoscopie me permettait d'enregistrer en cinétique sur cassettes VHS les urographies, les coronarographies, les encéphalographies et divers autres examens vasculaires. Dans ces années-là, en médecine humaine, les urographies étaient réalisées par sérigraphies, ce qui n'était pas pratique pour nous, en raison de la différence de taille évidente entre un chihuahua et un dogue allemand... Avec mon système, on obtenait des images extrêmement fines et précises d'animaux de toutes les tailles, du plus grand au plus petit, et l'on pouvait lire les examens sur un écran autant de fois que l'on voulait, en-dehors de tout rayonnement.

Une nuit, j'eus à effectuer une radio pour une urgence d'un genre assez particulier... En fait, il ne s'agissait pas à proprement parler d'une urgence médicale, mais il fallait tout de même que je me rende tout de go à la clinique pour radiographier le labrador de Thierry Le Luron. Le temps de m'habiller (je venais à peine de m'endormir...), et je file. Là, on m'expose le cas.

Parmi les convives d'un dîner réunissant une dizaine d'amis artistes autour d'une table, dans un restaurant bien connu, Line Renaud était assise en face de Jacques Chazot. Ce dernier, avisant la superbe bague que Line arborait à son doigt, lui demanda de pouvoir l'examiner de plus près. Line Renaud retira la bague et la lui tendit. Chazot se montra admiratif, et la bague fit le tour de la table. Line la remit ensuite à son doigt. Cependant, quelques instants plus tard, elle s'aperçut que la pierre, un diamant de plusieurs carats, ne s'y trouvait plus ! Alerte générale, et l'on s'était mis à la chercher partout, en particulier par terre. Pas de diamant. Après avoir épuisé toutes les hypothèses, on suspecta le chien d'avoir avalé la pierre. Et c'était là qu'on m'avait fait appeler. Il s'agissait donc de vérifier la chose en pratiquant une radiographie.

Celle-ci se révéla négative. Pendant les trois jours qui suivirent l'incident, un contrôle sérieux fut appliqué à tout ce que le brave chien pouvait évacuer ! Ce fut une perte importante pour notre grande amie nationale, tant au plan sentimental que, probablement, pécuniaire...

Mais revenons aux choses sérieuses. J'avais prévu une salle d'hospitalisation au rez-de-chaussée et une autre au premier étage pour les cas infectieux graves. Une caméra télécommandée parcourait toutes les cages. Les moniteurs étaient installés dans la salle d'attente, au service de garde et dans mon bureau. Les cages, en inox, avaient été fabriquées aux Etats-Unis, mais j'avais supprimé les portes, faites avec un simple grillage, et je les avais remplacées par des parois en verre que j'avais conçues moi-même. C'était nécessaire pour l'utilisation des caméras et je ne voulais pas que l'animal ait l'impression d'être prisonnier. Il voyait d'autres animaux dans la même situation que la sienne, ainsi que des êtres humains très gentils qui le soignaient, le nettoyaient, lui donnaient à boire et à manger – on pouvait même dire sur commande, quand son état de santé l'autorisait... Autrement dit, c'était l'hôtel Carlton pour les bêtes ! Il y avait très peu de bruit, d'aboiements de peur ou de miaulements de protestation, et jamais d'odeurs désagréables dans toute la clinique. C'étaient sans doute en partie les raisons pour lesquelles la majorité des animaux venaient – et même revenaient – sans aucune réticence. A une exception près...

Je me souviens de cette dame arrivant de Normandie avec deux grands chiens. Elle venait me consulter parce qu'elle craignait que l'un d'eux fût sourd... Oui, mais lequel ? C'était là toute la question ! Ce qui lui avait mis la puce à l'oreille, si j'ose dire, c'est que, lorsqu'elle en appelait un, systématiquement, les deux se présentaient ensemble. J'examine donc les chiens, et je garde le « suspect » en hospitalisation afin d'effectuer des tests plus probants. Ce chien, qui était effectivement sourd à 100 %, confortablement installé dans une belle cage en inox avec une porte en verre Sécurit et une fermeture impossible, en principe, à déverrouiller de l'intérieur, a réussi à s'en échapper, à ouvrir ensuite les trois portes situées dans les couloirs, puis, arrivé dans la salle d'attente donnant sur la rue, à ouvrir la porte d'entrée électrique à deux battants, toujours bloquée pendant la nuit ! Le lendemain matin, pas de chien ! Quant à la porte en verre électrique, je la trouvai striée de traces de griffes, comme si elle était en granit. Il nous a fallu plus d'une journée pour remettre la main sur le chien caché dans un endroit totalement inattendu : l'entrée d'une cave au bas d'une tour voisine. Sa maîtresse, bien entendu très attachée à ce chien, m'en a voulu de l'incident. Etant donné toutes les précautions prises pour les installations à la clinique, sans parler du bien-être que nous nous efforcions d'apporter à nos animaux hospitalisés, cette histoire me paraît, aujourd'hui encore, vraiment incroyable !

Heureusement, les autres « patients », comme je l'ai dit, semblaient apprécier l'endroit. Un soir, après les dernières consultations, c'est-à-dire vers 21 heures, j'avais remarqué un grand chien noir, style briard, dans la salle d'attente. Il était seul. J'avais aussitôt demandé aux infirmières à qui appartenait ce chien, mais personne ne savait. On avait donc vérifié son tatouage et on avait découvert l'adresse de son maître, qui habitait près de la porte d'Orléans. Le chien s'était perdu – il avait peut-être fugué – et, incapable de retrouver son chemin, il s'était rendu directement à la clinique où il avait été opéré l'année précédente ! Il n'était venu qu'une seule fois et n'avait, apparemment, pas été traumatisé du tout. Un autre jour, ce fut le tour d'une chatte. Elle était entrée toute seule dans la clinique et s'était installée sur le comptoir de l'accueil. Très à l'aise, elle se comportait comme si elle était chez elle... Là aussi, nous avions vérifié son tatouage et nous avions contacté son propriétaire qui était aussitôt venu la récupérer. C'était encore la preuve que tout le monde se sentait bien ici, même après des traitement ou des soins.

En donnant cette place plus prépondérante aux animaux, nous les rapprochons de l'Homme. De cette manière, nous pourrions aussi dire qu'en cherchant à sauver l'animal, nous tentons de sortir l'Homme de sa gadoue...

10

La rupture des liens nécessaires à la vie

Les animaux sont le reflet de ce que nous sommes ou, si l'on veut, de ce que nous ne sommes plus. Disons qu'ils sont ce que nous devrions être. Ils ont beaucoup à nous apprendre, et autant à nous réapprendre, car nous avons parfois tendance à oublier l'essentiel, nous les *Homo* pas si *sapiens* que cela ! Que reste-t-il, par exemple, des liens vitaux que sont les liens de parenté, ou même d'amitié, dans une société où l'on assiste à une exacerbation indéniable de l'individualisation et de l'égoïsme ? Qu'est devenu le lien mère-enfant dans un monde déséquilibré où ne règne que le profit ? En se substituant à notre culture originelle, ce dernier nous éloigne de notre propre nature. Ma chienne, la Pousse, comme tant d'autres bêtes qui ont partagé ma vie ou croisé mon chemin, m'a prouvé à quel point les liens originels sont importants dans la vie, et surtout déterminants pour la suite.

Charlotte avait deux ou trois mois quand elle avait été abandonnée à la clinique Beaugrenelle, en 1990. C'était un samedi soir, fin février, et il faisait un froid de canard. Une femme était arrivée avec ce petit cercopithèque – singe vert à longue queue – dans une cage qu'elle portait dans ses bras, et elle avait dit : « Vous la prenez ou je la mets dans une poubelle ! »

Capturée au Cameroun, elle avait été achetée pour cinq francs par un metteur en scène japonais, qui était parti à Londres pour quelques jours et l'avait confiée à la femme en question, afin de régulariser les documents nécessaires et obligatoires pour ramener son petit singe avec lui dans son pays. Mais les autorités japonaises avaient opposé un refus à sa requête, car Charlotte avait été identifiée comme étant d'une race protégée, en vertu de la Convention de Washington relative à la protection des espèces en voie de disparition. Il s'agissait d'un cercopithèque mona.

Une infirmière m'avait téléphoné à la maison. C'était mon épouse qui avait répondu et, sans hésiter, elle était allée la chercher. La petite bête braillait dans sa cage. Marie-Christine s'était approchée d'elle et avait mis la main dans la cage pour essayer de la saisir. Mais Charlotte avait pris peur et l'avait mordue. Après une nouvelle tentative, elle s'était finalement agrippée à son cou et, terrorisée, elle lui avait tété l'oreille. Elle n'a d'ailleurs jamais cessé de le faire pendant les deux ans où nous l'avons gardée auprès de nous...

Marie-Christine l'a élevée comme s'il s'agissait de son enfant : avant de rentrer à la maison, elle lui avait acheté des petits pots et des bouillies pour bébés, mais cela s'est avéré inutile, car Charlotte a tout de suite trouvé une banane dans la cuisine et, sans attendre, elle nous a prouvé qu'elle savait manger toute seule ! Elle lui avait aussi acheté des couches-culottes premier âge, qu'il avait quand même fallu couper car elles étaient beaucoup trop grandes. On les avait aussi « personnalisées » en faisant un trou pour sa queue. Plus tard, Charlotte les a mises en lambeaux pour nous signifier qu'elle n'en avait plus besoin.

Cette petite femelle singe avait de nouveau une mère, qu'elle ne quittait jamais. Elle était en permanence accrochée au cou de Marie-Christine, à moitié enfouie dans ses cheveux et, comme le premier jour, elle tétait le lobe de son oreille. Elle devenait très jolie, grâce à ses trois bains quotidiens et à la repousse de son poil. L'importation des singes étant illégale, je n'avais pas manqué de la déclarer au ministère de l'Agriculture, car il avait fallu la mettre en observation pendant les trois semaines obligatoires imposées par la législation relative à la rage. Je l'avais aussi vaccinée et déparasitée.

Charlotte était particulièrement intelligente. Quand elle mangeait avec nous – même chez Maxim's, par exemple, cachée dans la chevelure de « sa maman » –, elle épluchait les petits pois, décortiquait les lentilles et rendait les pépins des framboises avec ses petits doigts tout fins... Un week-end, Marie-Christine avait été obligée de garder à la maison le caniche nain abricot de ses parents. Mais il y avait un problème : Charlotte avait peur de Bouchon (tout comme elle avait peur des hommes, d'ailleurs, qui lui rappelaient certainement les braconniers qui l'avaient capturée). Toutefois, un événement a complètement modifié les rapports entre notre singe et ce chien. Charlotte avait trouvé une tranche de pain Poilâne dans la cuisine. Elle l'avait prise et s'en était allée avec l'intention de la déguster tranquillement sur notre table. Mais le pain lui avait échappé des mains et, aussitôt, Bouchon s'était précipité et l'avait attrapé dans sa gueule. Marie-Christine était intervenue, mais elle n'était pas arrivée à les séparer. Charlotte avait alors eu une idée de génie : elle s'était approchée de Bouchon et avait tiré un grand coup sur son... membre viril ! Surpris, le chien avait lâché la tartine, dont s'était bien entendu emparée Charlotte, et, depuis ce jour, c'était terminé. Charlotte faisait ce qu'elle voulait de Bouchon : elle lui mettait les doigts dans les oreilles et le nez, elle lui enfonçait le bras dans la gueule pour lui titiller la luette et ne cessait de l'inspecter de fond en comble ! Bouchon ne bronchait pas et, alors que les chiens ne mangent presque jamais de bananes, il s'était mis à les aimer, simplement parce que Charlotte en consommait souvent...

Quelques mois plus tard, nous étions partis à Valence, en Espagne, pour une exposition canine où il nous était impossible d'emmener Charlotte. C'était la première fois qu'elle était séparée de Marie-Christine, laquelle avait demandé à une amie de dormir à la maison, ainsi qu'à la femme de ménage. Notre absence devait durer vingt-quatre heures et, avec la télévision, Charlotte n'avait aucune raison de s'ennuyer. Elle adorait s'installer devant le petit écran et, quand je participais aux émissions dont j'ai déjà parlé, elle me reconnaissait toujours. Elle reconnaissait tous ceux qu'elle avait rencontrés.

Quand on était rentrés, elle s'était mise à sauter dans sa cage et, soudain, elle était tombée sur le dos, toute raide et toute bleue. Elle était en hypothermie et avait fait une sorte de crise épileptiforme. Le stress avait été tellement fort qu'il avait fallu la perfuser et la soigner pendant plusieurs jours. Au départ, on avait vraiment cru qu'elle était morte... Elle s'était probablement sentie abandonnée et cela avait provoqué un choc qui s'était manifesté sous une forme similaire à la spasmophilie. C'est bien la preuve que le lien affectif entre la mère et l'enfant est fondamental. Même lorsqu'il est extrêmement fort, il peut être fragilisé par l'absence de la mère, incomprise et, dans ce cas précis, mal vécue. L'enfant a besoin de sa mère, qu'elle soit naturelle ou adoptive, et rien ne peut la remplacer.

Charlotte était attachante et très drôle. Dorothée – avec qui je travaillais beaucoup à l'époque – avait un grain de beauté au-dessus des lèvres. Charlotte ne cessait de le lui gratter avec l'espoir de l'enlever. Il la gênait, sans doute... C'était peine perdue, mais elle insistait et sautait obstinément sur ses genoux avec cet unique objectif.

Sans le vouloir, elle était un vrai clown ! Un soir, nous étions allés au cirque. Cachée sous la veste de Marie-Christine, elle sortait de temps en temps sa tête pour assister, elle aussi, au spectacle. Elle ouvrait la veste, et hop ! elle pointait le bout de son nez pour voir les numéros des artistes avec les éléphants, les rhinocéros, les crocodiles, etc. Elle était effrayée, poussait des petits cris aigus mais ne pouvait s'empêcher de regarder. On aurait dit une enfant ! Les spectateurs, intrigués puis amusés, la regardaient, *elle.* Ils n'arrivaient pas à se concentrer et ils détournaient régulièrement leurs yeux de la piste... Quel numéro !

Pourtant, au bout de deux ans, nous avons dû nous séparer de Charlotte. Elle avait grandi et elle était devenue intenable dans l'appartement. On avait acheté une grande cage de perroquet, très confortable, avec une balançoire. Elle était en pièces détachées : boulons, portes, cornières, clé à molette, etc. Au fur et à mesure qu'on la montait, Charlotte la démontait de l'autre côté ! On l'a donnée à un ami, primatologue, qui avait d'autres singes, un chimpanzé et un orang-outang appelé Link. Il avait des installations adéquates et un espace pratique qu'il nettoyait au jet.

Aujourd'hui, Charlotte a quinze ans. Elle est toujours aussi heureuse et toujours aussi... vivante !

Mais revenons à nos moutons. Au nom d'une égalité mal définie et d'une liberté souvent illusoire, on se fiche de ce qui me semble être le b a, ba de notre espèce : la mère, qu'elle appartienne à l'espèce humaine ou à une espèce animale, a comme obligation première de nourrir, d'élever, d'éduquer, de s'occuper et de se préoccuper de sa progéniture. C'est la femelle qui, en général, montre à son bébé ce qu'il faut faire – et ne pas faire – pour survivre. C'est elle aussi qui sait, le moment venu, quand l'oiseau peut voler de ses propres ailes. Et c'est avec une confiance dosée qu'elle choisit alors de le lâcher dans la nature...

Chez de nombreuses espèces, y compris, théoriquement, l'espèce humaine, le mâle participe à ce travail. Il est là, lui aussi, pour assurer l'existence et la sécurité de ses enfants.

Or, on constate que les êtres humains ne remplissent plus que partiellement les fonctions qui, je le pense profondément, leur incombent. On assiste aujourd'hui à une généralisation, voire à une banalisation de l'égoïsme, et à une sorte de relâchement du couple et du lien parents-enfants. Les liens vitaux sont au bord de la rupture, car la cellule familiale n'existe plus, ou si peu...

La destruction de l'attachement affectif, obligatoire, de la progéniture envers ses reproducteurs – la mère et le père – est de plus en plus prononcée. Cette affection est « en voie de disparition », si j'ose dire. Cela produit une perturbation pathologique comportementale permanente quasi inguérissable, tant au niveau individuel que collectif. Si ce lien affectif n'est pas préservé dans les deux sens – de l'enfant aux parents et des ascendants à leur progéniture –, plus rien ne garantit l'équilibre au sein de l'espèce, donc sa pérennité. En conséquence, la transmission de ces liens affectifs aux générations suivantes n'aura pas lieu.

C'est pourtant cette obligation vitale qui définit la vie sur Terre. Ce n'est ni une question de croyances religieuses ni un problème d'appartenance politique : il s'agit d'un fait purement biologique.

Dans notre monde dit « moderne », on parle beaucoup d'amour, mais quel sens donne-t-on à ce mot ? Autrefois, dans les fermes de dimension familiale, on faisait toujours soigner une vache malade. Il est vrai que les vaches représentaient un capital. Elles étaient aussi des objets, mais reliés par une sorte d'attachement affectif, presque subconscient. Il y avait de l'affection, c'est évident. La preuve : chacune d'elles avait son nom propre. On voyait les plaques métalliques gravées avec des prénoms « humains » : Marguerite, par exemple, ou Joséphine. Quand on faisait appel au vétérinaire, ce n'était pas que l'aspect matériel qui prévalait. Un jour, j'étais venu soigner un veau qui avait pris froid. Les fermiers l'avaient couvert avec une peau de mouton pour tenter de le réchauffer. Comme je m'approchais pour l'examiner, le fermier a attrapé la peau de mouton et l'a jetée par-dessus la vache d'à-côté, qui était attachée à l'auge. Celle-ci a eu peur, elle a encorné le fermier, et moi aussi ! Blessé, je me suis retrouvé par terre. La fermière, qui était en train de traire une autre vache, est aussitôt intervenue. Le fermier n'était que très légèrement touché et, à eux deux, ils m'ont porté jusque dans la cuisine. Ce n'était pas trop grave, mais il a quand même fallu aller au village pour téléphoner, car on n'avait pas le téléphone à la ferme...

Après avoir été soigné, j'y suis retourné quelques semaines plus tard. La vache était toujours là. A l'époque, ce retour était motivé par ma volonté de confirmer mon attitude neutre et dénuée d'appréhension envers les bêtes. Aujourd'hui, tout cela me permet d'arriver à cette analyse : les fermiers n'avaient pas tué leur vache, car ils y étaient attachés. Ils aimaient leurs bêtes, alors qu'aujourd'hui, à l'ère de l'industrialisation, il n'est plus du tout question d'affection, et encore moins de sentiments ! Cela ne vaut plus le coup de soigner les vaches... Les animaux des entreprises agricoles ne portent plus de nom, ils disparaissent dans l'anonymat. Tout est devenu jetable et, de ce fait, on épuise la planète.

A l'heure actuelle, nous n'arrivons plus, semble-t-il, à donner notre affection à un congénère. Même à l'égard des proches, on a du mal. Dans les familles, envers les enfants, les parents ou les conjoints, entre frères et sœurs, on voit apparaître un refroidissement des liens affectifs. Des tensions se créent et provoquent des conflits. Ces constats, de plus en plus fréquents, sont notoirement des états de pathologie sociale. Tout est détraqué ! Chacun ne pense qu'à soi. Même si c'est une manière de *sauver sa peau*, on a atteint un point culminant tel qu'il est temps de s'interroger sur les conséquences dramatiques qu'engendrent ces nouvelles manières d'être et de penser, tenant si peu compte de l'existence d'autrui. Qui n'a pas dit ou entendu l'expression suivante : « Après moi, le déluge ! » ?

L'individualisation et son corollaire, le matérialisme, règnent partout en ce monde, allant droit vers le bas. Les intérêts personnels et matériels prennent le pas sur l'intérêt collectif en général et l'on a soit des buts à court terme, soit pas de but du tout. Au fur et à mesure que la vitesse augmente, le sens se perd. Nombreux sont les « cadavres » laissés sur le bord de la route. Certains, dépassés mais pas trépassés, préfèrent se réfugier dans ce qu'on appelle les « paradis artificiels » ou toute autre forme de marginalisation. Fort heureusement, la plupart d'entre nous, certainement moins désespérés, optent pour une solution plus sage et s'entourent instinctivement d'un animal – s'y accrochent, même ! – pour retrouver une affection réconfortante et, je le répète, nécessaire pour vivre.

Aucun individu ne peut prétendre à la perfection organique et psychique. Chaque adulte a probablement une imperfection quelconque. Quand il en a conscience, l'individu peut, s'il le veut, se donner les moyens de compenser ses défaillances et ses fragilités. L'animal est une des thérapies possibles, c'est démontré.

Je suis convaincu que les animaux sont le remède à bien des maux, autant à l'échelle individuelle que collective. Ils sont aussi le seul frein à l'égoïsme exacerbé de la société humaine actuelle.

Nous avons vu que le troisième enfant est assez fréquemment un animal. Quant aux enfants – même aimés et « pourris, gâtés » –, ils peuvent être en manque de contacts. Les jouets n'ont jamais remplacé une présence vivante.

Au Japon, où les conditions de vie – l'exiguïté des locaux, par exemple – ne permettent guère de nombreuses naissances ni la présence d'un animal, on croit avoir résolu le problème des carences affectives chez l'enfant en mettant entre ses mains les fameux *tamagotchis*. Ce sont ces jouets dont l'enfant s'occupe comme s'il s'agissait de vrais animaux. S'il oublie de nourrir son jouet chien ou son faux chat, ce dernier meurt. Et les parents en achètent un autre. Les plus aisés peuvent aussi opter pour le robot chien, ou encore pour une console de jeux où l'on adopte, puis dresse son chiot. On peut même choisir sa race préférée. On demande à des objets de remplir les fonctions d'amour des parents et de se substituer aux contacts humains. C'est impossible. Sans parents, sans fratrie, sans animal, le besoin ne peut que persister et le manque, donc le mal, s'aggraver.

La société japonaise a fait l'objet de nombreuses études sociologiques. La première observation consécutive aux migrations rurales de masse vers les villes, dans les années 70, a été l'extrême solitude qui régnait dans les agglomérations. Les familles, qui avaient la réputation d'être très unies là-bas, car fondées sur des valeurs intouchables ancestrales, ont véritablement « éclaté », au sens propre comme au sens figuré du terme. La société japonaise a ses particularités malgré les rapprochements récents avec le reste du monde. Cependant, il est possible de comparer nos réactions respectives en tenant compte des paramètres.

Pour en revenir au troisième enfant, la demande des aînés, désireux d'avoir un petit frère ou une petite sœur, est une constatation avérée. Le développement de leur équilibre affectif réclame des présences vivantes avec lesquelles ils puissent avoir des contacts physiques, donner et recevoir des caresses, autrement dit éveiller et exprimer des liens physiologiques.

On doit admettre que les femmes ont autant, sinon plus, de capacités intellectuelles et manuelles que les hommes. Néanmoins, il n'y a que vingt-quatre heures par jour et trois cent soixante-cinq jours par an... En tenant compte du nombre d'années d'activité, le choix entre carrière professionnelle et mission de mère de famille auquel les femmes sont confrontées ne doit pas leur être facile au quotidien.

Dans notre société contemporaine, l'emploi génère de l'argent, érigé en valeur incontournable. En conséquence, les plus privilégiés – ou les plus chanceux – ont une qualité de vie plutôt appréciable et tout aussi appréciée, car elle permet la reconnaissance sociale, à laquelle nombre d'entre nous aspirent. Les parents, absorbés par les exigences et les contraintes de la vie quotidienne, confient « l'élevage » et l'éducation de leurs rejetons à la société. Les crèches, les haltes-garderies, l'école dès l'âge de deux ou trois ans, les centres de loisirs le mercredi, les colonies de vacances l'été sont autant de structures créées pour prendre le relais. Résultat : la société s'organise, non pour remplacer les parents – par définition irremplaçables – mais pour les assister. Et l'assistanat n'est-il pas le meilleur moyen de déresponsabiliser les individus ? Que deviennent alors les liens vitaux entre la mère, le père et l'enfant, établis dès la naissance, dès les premiers regards, les premiers mots, les premiers pas ? Qu'advient-il de la famille si elle n'est plus une cellule, et encore moins une structure ?

Notre système « social » produit l'assistanat à différents niveaux. On confie l'enfant, sinon le bébé, à la collectivité qui se charge de son éducation. Jusqu'à la retraite, en passant par toutes les organisations « sociales », on est pris en charge par la collectivité. L'Etat est partout et tout est « paternalisé » par lui, même et surtout les carrières, le travail, etc.

On a oublié que nous dépendons tous de lois biologiques avant tout.

La multiplication des soi-disant « relais » est contraire aux exigences biologiques de l'espèce humaine. Ces considérations cliniques et biologiques ne sont apparemment pas prises en compte par les différents responsables des partis politiques et des organisations dites « sociales », dont le seul but est d'obtenir des voix lors des élections !...

Depuis quelques décennies, l'invention des biberons et des laits en poudre, dont la formule imite le lait maternel dans les espèces humaine et animale, a libéré les mères de leur obligation d'allaiter. Plus tard, on les a libérées de leur obligation d'élever les enfants et de s'en occuper de façon permanente. Ce sont évidemment des avancées sociales, mais, comme tout progrès, elles sont à double tranchant. De fil en aiguille, on finit par prendre des mesures contraires à l'intérêt social et à celui de l'espèce humaine, car, je le répète, le premier devoir d'une mère est d'être présente auprès de son enfant jusqu'au moment où il pourra « s'envoler ». Dans le monde animal, les femelles remplissent naturellement cette mission et, par conséquent, elles accomplissent ce qu'exige la pérennité de l'espèce. On constate, malgré tout, le même genre de régression dans les élevages, puisque les mères, irremplaçables, sont évincées. Pourtant, les besoins biologiques d'un enfant sont si importants qu'ils nécessitent une totale disponibilité de la mère et du père, bien sûr ! Un enfant ne peut grandir sainement en l'absence de ses procréateurs et aucune structure sociale, aussi parfaite soit-elle, ne saurait se substituer entièrement à eux.

Dans la plupart des familles, la vie quotidienne n'est pas facile : le soir, on rentre du travail en courant après avoir récupéré les enfants à droite ou à gauche. Vite, on attrape un produit surgelé, on mange et, oust ! on file au lit. Le lendemain, on cavale de nouveau. On fiche le camp sans prendre le temps de parler vraiment ni d'échanger quoi que ce soit, un regard ou un baiser. Chacun vaque à ses propres occupations qui l'éloignent des siens. Le pire, c'est que souvent l'argent gagné ne permet pas de compenser le manque de temps, ni même d'améliorer la qualité de notre vie. Il permet encore moins de *remplir* les vides affectifs. Dans ces conditions, on ne fait que survivre. Il faut appeler un chat un chat : c'est antibiologique ! J'ai bien peur que notre existence finisse par ressembler à un élevage de poulets en batterie...

11

Des histoires de bêtes aux choses sérieuses

Mon existence est riche en histoires dont les protagonistes sont les animaux. Ce sont *eux* les acteurs principaux et leur rôle est fondamental dans ma vie, comme dans la Vie en général, d'ailleurs, avec un grand V. Ils sont le reflet de nos erreurs, je l'ai déjà écrit, les « gardiens » des valeurs qui se perdent aujourd'hui, les exemples dont on ferait bien de s'inspirer et qu'on aurait tort de ne pas suivre. Sans le vouloir, ils sont de véritables donneurs de leçons de vie. Ils enseignent aux hommes ce que ces derniers sont souvent incapables, voire indignes, de recevoir.

Les bêtes m'ont tout appris, ou presque. Elles ont toujours été là, près de moi. Je pourrais même dire *pour* moi, puisqu'elles m'ont aidé à *évoluer*. Une ou deux fois, je m'en suis détourné, ou plutôt éloigné, emporté par d'autres courants de mon histoire, mais je suis toujours revenu. Ma vie est intrinsèquement liée à celle des animaux sur Terre. J'ai compris très tôt – et de manière instinctive – que les hommes ne pouvaient pas vivre sans les bêtes, la réciproque n'étant pas forcément vraie...

Toutes les histoires de bêtes que je raconte – pour les avoir vécues – me confortent dans l'idée que les animaux nous ramènent inexorablement à notre condition dite « humaine ». Je l'ai toujours su au fond de moi et j'ai même fini par l'ériger en une sorte de *vérité*. Elles me permettent d'écrire aujourd'hui, de dire, de défendre et même d'attaquer, si nécessaire. Elles constituent la matière première de mes pensées et sont la source des théories que j'échafaude depuis plus de cinquante ans.

Je n'avais pas d'idées précises – et encore moins de certitudes – sur ce que m'apporteraient les bêtes quand j'ai commencé à exercer en tant que vétérinaire. Je n'avais qu'une tendance instinctive qui m'a mené vers une sorte d'idée fixe : vivre et travailler près des animaux. Je ne me rendais pas compte que je ne pourrais pas passer ma vie sans eux, ou que ma vie ne pourrait pas se passer d'eux. Mon subconscient savait déjà que ma place était auprès des bêtes. Les anecdotes que j'ai vécues et les liens que j'ai tissés ne sont pas l'illustration d'une réflexion antérieure à mon activité. Ma manière de voir les choses s'est élaborée au cours des années, et le recul que j'ai, à ce jour, ne fait que confirmer ce que j'ai constamment ressenti.

Je tire ma pensée et ma philosophie de la vie de mon expérience personnelle et professionnelle. Et c'est précisément au nom de cette expérience que je demande la parole. Mon vécu m'autorise à m'exprimer *en toute connaissance de cause*. Il justifie *et* mon droit de parole *et* ma parole elle-même.

Je ne prétends pas détenir *la* vérité, bien sûr. Ma pensée est le reflet d'observations vécues, sincères et authentiques. Disons que, de mon action subjective, j'ai déduit un certain nombre de conclusions objectives. Aujourd'hui, je suis là, avec une masse d'informations et de paramètres que m'ont apportés les bêtes, et avec toutes les questions nouvelles que leur proximité a fait naître en moi et que j'ai envie de partager. Je peux dire que les bêtes ont rendu ma vie plus qu'intéressante : passionnante ! Elles m'ont permis de vivre des situations parfois insolites, jamais banales et souvent drôles. Elles m'ont permis aussi de me dépasser, à certains moments, et donc de me connaître mieux. Elles m'ont permis de rêver et surtout d'agir, avec le sentiment d'être utile ou tout au moins de n'être pas inutile...

Un jour, dans les années 80, on m'a contacté pour deux éléphantes, qui se trouvaient à Mostaganem, près d'Oran, en Algérie. Les deux femelles maigrissaient à vue d'œil : elles avaient perdu mille kilos chacune ! Elles souffraient d'une gastro-entérite infectieuse sérieuse. Je me suis rendu sur les lieux en urgence et, après un diagnostic rapide, je les ai soignées. Tout s'est bien passé et « nos » deux éléphantes s'en sont sorties. Sans une intervention rapide et efficace, elles auraient sans doute passé l'arme à gauche. En arrivant sur place, j'avais remarqué un ours noir à collier blanc, un himalayen, qui était affalé par terre. Il avait les muqueuses toutes blanches et une tumeur de plus de vingt centimètres de diamètre à l'extérieur de son coude droit. Je lui ai prélevé du sang, ainsi qu'à l'un de ses congénères, et je suis rentré à Paris. Là, j'ai préparé un *matching* des deux sangs et, comme ça collait, je suis immédiatement retourné en Algérie avec un équipement d'anesthésie générale gazeuse, du matériel chirurgical, et surtout des bouteilles contenant les produits nécessaires à la préparation de transfusions sanguines. Les bêtes étaient parties à Blida, près d'Alger, où il y avait un grand centre équestre. C'est là que j'ai anesthésié « mes » deux ours : le premier pour prendre de son sang en quantité suffisante, le second pour le transfuser et le retaper un peu. Il était particulièrement anémié et affaibli pour subir l'intervention chirurgicale que j'allais pratiquer, à savoir l'ablation de la tumeur, très probablement cancéreuse.

L'opération s'est déroulée en plein air, sur des tables improvisées. Nous étions entourés de centaines de spectateurs. C'était inévitable. Une équipe de télévision m'avait suivi depuis Paris. Le magazine *Télé 7 Jours* avait également envoyé une équipe de journalistes afin de compléter le supplément de plusieurs pages relatif à mes différentes actions en faveur des bêtes, inclus dans leur hebdomadaire. Tout s'est heureusement bien passé et l'ours a survécu. Par la suite, on n'a jamais entendu parler de métastases, ni d'autres suites fâcheuses. Les prélèvements destinés à un examen histologique ont révélé qu'il s'agissait d'un hémangiome, tumeur qui se développe aux dépens des cellules vasculaires.

Il y a cinquante ans, on peut même dire vingt-cinq ans, moins de cinq ou six vétérinaires en France « s'amusaient » à approcher un animal tel qu'un tigre, un lion ou un crocodile, par exemple. Il était extrêmement difficile de se procurer l'unique produit connu capable d'immobiliser en moins d'une minute un animal dit « sauvage », de pratiquement toutes les espèces. Un milligramme de cette molécule pouvait coucher cinq cents kilos de « viande ». L'antidote qui lui correspondait mettait l'animal à l'abri de tout risque vital. Il fallait une autorisation spéciale, émanant d'un organisme international situé en Suisse, pour avoir le droit d'en posséder. Les justificatifs à fournir n'étaient pas toujours faciles à établir. J'ai pu m'en procurer et l'utiliser pendant plusieurs décennies.

Depuis quelques années, les laboratoires ont lancé sur le marché des molécules aussi efficaces mais nettement moins dangereuses, donc susceptibles d'être mises à la disposition de certains professionnels comme les vétérinaires ou les pompiers.

Ce n'est pas du tout avec ce genre de produit que j'ai anesthésié les deux ours blancs du film d'Yves Angelo, *Le Colonel Chabert* (1994), avec Gérard Depardieu, ni la lionne de Tom Dieck, un dresseur de fauves allemand. L'histoire de cette lionne vaut la peine d'être racontée ici. Elle illustre bien l'aspect inhabituel, voire original, des situations auxquelles les bêtes m'ont confronté.

Tom Dieck venait fréquemment en France, car il était engagé pour divers spectacles, en particulier dans les cirques. J'avais plusieurs fois été amené à soigner ses animaux. Cette fois, il s'agissait d'une lionne qui présentait un hygroma à chaque coude. Les hygromas sont des poches enkystées contenant du liquide synovial – à la face externe des coudes, dans le cas de cette lionne – en communication avec l'articulation. La taille de ces poches équivalait à une demi-balle de tennis. Avec l'épaississement de la peau et de la paroi kystique, leur volume tout comme leur apparence constituaient une gêne. A deux reprises, les kystes avaient été ponctionnés, mais, évidemment, ils se remplissaient à nouveau de synovie. J'ai alors proposé de pratiquer leur ablation et la fermeture étanche de l'articulation des coudes.

Tom Dieck s'était installé avec ses lions dans les jardins du Ranelagh, dans le XVIe arrondissement de Paris, près de la porte de la Muette. Pour se rendre à ma clinique, il suffisait de descendre la rue de Boulainvilliers et de traverser le pont de Grenelle. Le trajet n'était pas très long. J'ai donc anesthésié la lionne dans sa cage au Ranelagh et nous l'avons placée au fond de son camion d'une tonne, rempli de divers objets encombrants. Il restait à peine la place d'allonger la lionne par terre, à l'arrière, derrière le tas... Pour l'endormir, j'ai utilisé un barbiturique intraveineux « classique ». Je lui ai laissé le cathéter et une perfusion branchée afin de me permettre de lui réinjecter de l'anesthésique, si nécessaire, en cours de route. Je suis resté accroupi près de la bête pendant tout le trajet.

Tout s'est bien passé à l'aller. L'opération à la clinique s'est aussi déroulée dans les meilleures conditions possibles. Cependant, au retour, cela a été un peu plus compliqué. Il était 23 heures environ et il faisait nuit. Il n'y avait pas de lumière dans le camion et je ne disposais que d'une lampe de poche pour contrôler la suite des événements. Contrairement à l'aller, la route du retour était ponctuée de sens uniques et le temps du trajet s'en trouvait sacrément rallongé. J'étais toujours accroupi près du fauve prêt à se réveiller d'une minute à l'autre. Comble de malheur, ou plutôt d'angoisse, j'étais dans l'impossibilité de communiquer avec le chauffeur, car une montagne d'objets divers encombrait l'avant du camion. Pourtant, j'aurais bien voulu l'aider à s'orienter, parce qu'il avait manifestement du mal à retrouver le chemin... Il se perdait, revenait sur ses traces, tournait, puis repartait dans la bonne direction. On a mis un temps infini pour arriver au Ranelagh et la lionne était presque réveillée quand nous sommes enfin arrivés... Sa guérison rapide m'a prouvé, par la suite, qu'*elle* n'avait pas été traumatisée du tout !

L'anesthésie, quel que soit le patient, animal ou humain, réserve souvent quelques surprises. Ce n'est pas aussi précis que de conduire une voiture ou piloter un avion, mais c'est quand même un peu comparable : en effet, il faut bien connaître tous les paramètres de l'intervention, des instruments à manipuler, ainsi que les propriétés de chacune des molécules utilisées. Pourtant, cela ne suffit pas toujours, car les réactions varient en fonction des individus. Et elles sont parfois fort étonnantes ! Il faut donc avoir de réelles compétences, un certain talent et surtout une pratique aussi étendue que possible pour être capable de réagir efficacement et être en mesure de parer à l'inattendu. Les anesthésistes ont pour habitude de dire que la meilleure anesthésie est celle que l'on pratique couramment et que l'on connaît le mieux...

J'ai suivi, pendant une vingtaine d'années, Tophy, un éléphant femelle qui appartenait à Alexis Gruss. Comme tout le monde, il lui arrivait d'avoir des « petits bobos ». Elle avait aussi, de temps en temps, des problèmes avec les pieds. Elle a même eu une tumeur sous un doigt, que j'avais opérée et pour laquelle il n'y a jamais eu de rechute.

Un jour, Alexis m'a appelé et m'a demandé de venir la voir, parce qu'elle boitait à nouveau du pied droit. Lorsque je suis arrivé sur place, c'est-à-dire à l'ancien Théâtre lyrique de Paris, boulevard de Sébastopol, je me suis trouvé face à Tophy, qui était seule et semblait m'attendre tranquillement. On se connaissait bien, tous les deux, et l'absence momentanée d'Alexis – je dois préciser que j'étais arrivé en retard – ne me posait aucun problème. Je me suis approché de l'éléphante et lui ai suggéré de me laisser regarder son pied. A ces mots, elle l'a replié et m'a empêché de le soulever. J'ai insisté, en lui expliquant que je devais l'examiner pour parvenir à la soigner. J'ai tenté à plusieurs reprises de lui prendre gentiment le pied malade, mais elle était récalcitrante et elle le retirait de façon systématique. J'ai alors commencé à perdre patience et je l'ai même grondée. « Maintenant, ça suffit ! Donne ton pied ! » lui ai-je lancé sur un ton un peu autoritaire. Eh bien, ma vieille copine ne s'est pas démontée : elle m'a filé un sérieux coup de trompe et m'a envoyé contre le mur... Ce n'était pas méchant, mais cela voulait tout simplement dire : « Fiche-moi la paix ! » Je n'ai pas insisté et j'ai attendu le retour d'Alexis pour entreprendre l'examen sous sa vigilance. Par la suite, on est restés en très bons termes. Il fallait l'autorité de son ami et maître pour m'accorder la confiance nécessaire à l'examen du pied. Le souvenir de l'opération précédente n'avait pas disparu de sa mémoire.

Pourquoi je choisis d'évoquer Tophy quand j'aborde le sujet de l'anesthésie ? Parce que, bien sûr, j'ai été amené à l'anesthésier plusieurs fois, mais aussi et surtout parce que l'une de ces anesthésies a été suivie d'un réveil particulièrement épique ! Cela s'est passé un bon nombre d'années plus tard. J'avais dû aller la voir dans les quartiers d'hiver du cirque, qui étaient, à l'époque, du côté de Noailles, dans l'Oise. Tophy souffrait d'une parotidite. J'ai bien essayé de la soigner, mais finalement j'ai été obligé de l'opérer.

Après une anesthésie générale, j'ai pratiqué une incision de soixante centimètres environ afin de disséquer la glande. Ce n'était pas une mince affaire de travailler longtemps en position accroupie... Je ne me souviens plus exactement combien de temps avait duré l'intervention – on oublie ce genre de détail, en général, pour ne garder qu'une impression diffuse des heures qui s'écoulent et ne retenir que l'issue, si possible positive, de nos actes –, mais je sais que cela m'avait paru interminable. En tout cas, je peux dire que, avec le système anesthésique utilisé, le réveil de l'éléphante avait été rapide : de l'ordre d'une minute. Tophy s'est relevée, comme si de rien n'était, et soudain elle s'est mise à courir, ou plutôt à foncer dans le tas, en renversant tout sur son passage. Voir une telle masse se déplacer à une vitesse importante, et surtout dans tous les sens, comme si elle avait les yeux bandés et que, prise d'un coup de folie, elle se cognait contre des murs imaginaires, était très impressionnant. Nous avons tous eu peur, car nous ne savions pas où sa course se terminerait et n'avions aucun moyen de l'arrêter... Quelques minutes plus tard, elle s'est finalement immobilisée d'elle-même. Elle était redevenue « normale » et obéissante. Sagement, elle est rentrée au bercail. Elle avait bien failli casser quantité d'obstacles sur son chemin d'« évaporée » !

Un jour, j'ai voulu anesthésier un autre éléphant. Il s'agissait de Timbo, un mâle africain, qui « résidait » à Thoiry. Sa défense gauche était cassée et une forte odeur de suppuration s'en échappait, ce qui laissait penser à une infection profonde, peut-être radiculaire. J'avais donc l'intention d'y pénétrer le plus profondément possible. J'ai commencé par lui injecter la dose d'anesthésique correspondant à son poids, ce qui ne faisait que 2,5 millilitres de volume. Timbo s'est aussitôt affaissé sur son flanc gauche, en s'appuyant contre un arbre. Il n'était pas tout à fait allongé, ce qui ne m'arrangeait pas du tout. Ce jour-là, pour m'aider, j'avais à mes côtés Caroline de Monaco. En effet, elle avait souhaité participer à cette aventure et, à l'époque, c'en était une ! Le prince Rainier était là, lui aussi, et comme il connaissait très bien les bêtes, il nous donnait des conseils fort judicieux.

Nous avons été obligés d'atteler Timbo à une Land Rover pour le faire glisser sur le sol et le coucher à plat sur le flanc. Mais le terrain était trop humide, le sol trop mou, et l'auto dérapait. Elle n'était pas assez puissante pour tirer les presque cinq tonnes de Timbo ! On a alors amené un gros tracteur agricole – avec des pneus adéquats qui s'accrochaient dans la boue – auquel on a attaché l'éléphant afin de le tirer et de l'étendre entièrement sur le sol. Le deuxième problème était que Timbo s'était couché sur son flanc gauche et que la défense malade était du même côté, ce qui n'allait pas faciliter notre travail. Mais il était quasi impossible de le retourner dans les conditions où l'on se trouvait. Il fallait faire avec.

Avant de m'« attaquer » à la défense de l'animal, j'ai préparé des syndesmotomes en vanadium, que j'avais taillés et affûtés au préalable sur une meule tournant à trois mille tours/minute. C'étaient des démonte-pneus ! Après avoir fait une incision d'une bonne vingtaine de centimètres dans la gencive épaisse de l'éléphant, à la face interne de sa défense, j'ai tenté d'y introduire mes trois démonte-pneus. Mais cela s'est révélé impossible et j'ai dû abandonner l'idée de faire bouger la défense. Je m'étais fait des illusions. J'ai donc été obligé de prendre une tronçonneuse – celle que l'on utilise dans les garages – et de fendre l'ivoire, car je ne voulais pas couper immédiatement en travers de la défense.

Nous avons travaillé pendant six heures et nous avons même fait une radiographie avec mon appareil portatif. Caroline a été parfaite jusqu'au bout, rien d'étonnant... Quant au prince Rainier, comme je l'ai dit, il était un grand connaisseur et un ami fidèle des bêtes. C'était quelqu'un de très respectable et donc, à juste titre, de très respecté. D'ailleurs, son épouse, la princesse Grace, était aussi « du même tonneau », si j'ose m'exprimer ainsi : elle-même était très attachée au monde animal. Un jour, elle était venue à mon cabinet avec son chat birman. C'était un samedi matin et elle s'était dérangée elle-même. Hélas, je n'étais pas là. Comme la princesse était habillée très simplement, mon assistante, une jeune femme vétérinaire extrêmement compétente, ne l'avait pas reconnue. Elle m'avait téléphoné, complètement affolée, après son départ...

Ce chat birman, très beau, avait la fâcheuse manie de chercher à griffer les jambes de Caroline et aussi de sa mère, la princesse Grace. Après diverses tentatives, j'ai été obligé de l'échanger contre un chat plus calme et j'ai gardé l'indiscipliné dans mon bureau, au-dessus de mon cabinet. Il était adorable, mais exclusif. Lorsque je m'asseyais derrière mon bureau pour écrire, il se plaçait devant moi, poussait tous les papiers, se roulait sur le dos pour que je le caresse d'un air de dire : « Je suis là ! » Plus rien d'autre ne devait compter et j'aurais dû cesser toute activité pour ne me consacrer qu'à lui, et à lui seul. Pour pouvoir travailler, j'avais décidé de le ramener à la maison. Il y est resté jusqu'à sa mort, bien des années plus tard. Inutile de dire que, toujours aussi tyrannique, il avait fini par dominer tous les autres animaux de la maisonnée...

Je peux raconter des centaines et des centaines d'anecdotes concernant les animaux, ma vie entière en est remplie ! Grâce à eux, je peux dire que j'ai fait des rencontres extraordinaires, que ce soient des personnalités connues dans le monde ou des quidams comme vous et moi.

J'étais encore aux Batignolles quand j'ai opéré Eder, l'épagneul breton de Georges de Caunes. Ce dernier était parti un certain temps dans une île en Polynésie avec son chien. A son retour, Eder s'était retrouvé avec un os coincé dans l'œsophage, en plein milieu du thorax, au niveau du cœur. A l'époque, nous, vétérinaires, n'étions pas équipés pour pratiquer des thoracotomies, c'est-à-dire ouvrir le thorax et pouvoir faire de la respiration assistée, autrement dit intuber par voie trachéale et fournir de l'oxygène en proportions et pressions adéquates.

J'avais alors d'excellents rapports avec le professeur qui était le patron du service de gastro-entérologie de l'hôpital Bichat. Je lui ai donc demandé la permission d'opérer Eder là-bas. C'est son épouse, qui était aussi médecin à l'hôpital, qui a été l'anesthésiste du chien de Georges. C'était une première à notre niveau ! Quelques années plus tard, j'ai acquis plusieurs appareils d'anesthésie, venant de Californie en particulier. Ils étaient de plus en plus perfectionnés et de mieux en mieux adaptés aux chiens. De nouvelles molécules offraient de plus grands avantages et ouvraient le champ aux interventions chirurgicales, orthopédiques, ophtalmologiques et à bien d'autres.

L'ophtalmologie m'a toujours passionné. En 1982, lorsque Francis Lescure, professeur de médecine à l'école vétérinaire de Toulouse, avait entrepris de créer un cours de spécialisation, l'année précédente, je m'y étais inscrit sans hésiter. C'étaient des cours théoriques et pratiques qui avaient lieu tous les jours, une semaine par mois, pendant un an. Il m'était déjà arrivé, vingt ans plus tôt, d'opérer une cataracte à domicile. Le patient était le chien du petit-fils de Ferdinand de Lesseps, qui, chacun le sait, a été à l'origine du percement du canal de Suez. Son docteur ophtalmologiste, ami et collègue de mon frère médecin, m'avait demandé d'anesthésier l'animal que l'on allait opérer. A l'époque, aucun vétérinaire, à ma connaissance, n'avait effectué ce genre d'intervention en France. J'avais néanmoins en ma possession quelques instruments de chirurgie ophtalmologique américains, qui dataient de la guerre... Bien entendu, ils sont largement dépassés à l'heure actuelle.

La vision est primordiale pour tous les êtres vivants, quelle que soit l'espèce à laquelle ils appartiennent. D'ailleurs, l'étude de l'équipement de la vision est extrêmement instructive ! Et la microchirurgie – sous microscope, naturellement –, obligatoire en ophtalmologie, s'avère fort précieuse pour toutes les autres chirurgies, lorsqu'on a appris à la pratiquer. En orthopédie, par exemple, on prend l'habitude de respecter le moindre petit brin de tissu, alors que, en général, on fait preuve de plus ou moins de finesse dans ce domaine, la nature étant là pour arranger les choses. Quand on s'y prend autrement, riche de l'enseignement tiré des cours d'ophtalmo, les résultats sont, il faut bien le dire, nettement plus beaux !

Pendant plus de dix ans, j'ai fréquenté tous les congrès d'ophtalmologie aux Etats-Unis, en Angleterre, en Allemagne, en Italie, en Espagne, etc. J'y rencontrais souvent Jean-Louis Couderc, chirurgien en chef du service ophtalmologique du segment antérieur à l'hôpital Rothschild. Un jour, nous avons eu l'idée d'organiser une démonstration au sein même de ma clinique, à Beaugrenelle. Nous avons tiré des câbles jusqu'au Nikko, un hôtel voisin, et nous avons présenté une intervention sur grand écran : il s'agissait d'un kérato-myleusis sans congélation, qui permettait de corriger différentes anomalies morphologiques de la cornée, dans notre cas chez un chien. Chez l'homme, elle facilite la correction chirurgicale de la myopie. Une première mondiale créée et pratiquée par Jean-Louis en personne. Jusqu'à cette date, on pratiquait cette intervention par congélation, après avoir trépané la cornée. C'était la méthode de Barraquer, laquelle requérait un équipement très coûteux.

A cette occasion, j'avais pratiqué l'opération d'une cataracte secondaire, opacification de la cristalloïde postérieure, avec un laser. Le patient était aussi un chien qui avait été opéré auparavant d'une cataracte.

Au cours de mes pérégrinations ophtalmologiques, j'ai assisté aux premières phacoémulsifications, le système actuel très performant pour l'extraction du cristallin opacifié dans les cataractes, grâce à l'emploi des ultrasons. J'ai été témoin aussi des premiers pas de l'électrorétinographie en médecine vétérinaire au cours de la même période, méthode qui rend de bons services aux bêtes dans certaines pathologies de la vision.

A ce propos, j'ai été à l'initiative de la création de la Commission des tares oculaires à la Société centrale canine, en 1982, laquelle participe, depuis plus de vingt ans, à l'étude et à l'éradication des maladies héréditaires des yeux dans l'espèce canine.

C'était la première fois qu'un vétérinaire était élu, puis réélu au sein du comité, c'est-à-dire le conseil d'administration de la SCC, Société centrale canine, la Fédération des clubs de races canines. Cette institution, créée en 1882 et reconnue d'utilité publique depuis 1914, dont il ne serait pas judicieux de changer l'appellation, est insuffisamment connue du grand public. Pendant plusieurs années, j'ai insisté pour qu'elle soit désignée sous le nom de « La Maison du Chien », car tout ce qui se rapporte au chien est du ressort de notre Fédération. Vous pouvez maintenant consulter cette rubrique sur Internet[1]. La SCC est l'équivalent du Kennel Club anglais, le plus ancien.

Dans presque tous les pays, il existe maintenant des organisations similaires. Lorsque j'ai commencé à y aller, on n'achetait que rarement un chien : on l'offrait comme un cadeau précieux d'une grande valeur affective. Les gens qui en faisaient partie et qui s'appliquaient à élever le meilleur chasseur, le plus beau ou la plus belle de telle ou telle race, le plus fort ou la plus apte d'une autre, étaient comparables à des sportifs dotés d'un réel esprit de compétition. Il s'agissait, en grande partie, d'aristocrates avec des noms « à tiroirs ». En Angleterre, c'étaient souvent des lords. L'élu que j'avais remplacé, la première fois, était le comte de Courtil, vice-président du Club du caniche dont la présidente était Mlle Jeancourt-Galignani, un de nos « monuments historiques » du monde canin.

Des années plus tard, j'ai remplacé le baron Elie de Rothschild qui était depuis longtemps le président des retrievers. L'énumération de tous ces titres me permet simplement

1. www.scc.asso.fr

de dire que tous ces gens étaient des nobles. Ils l'étaient grâce à leur titre et ils l'étaient aussi avec les chiens, dans leur esprit comme, je n'en doute pas une seconde, dans la vie en général. Moi, je n'étais qu'un petit roturier.

Hélas ! Avec le temps et toutes les accélérations qui ont suivi, le chien n'a plus été considéré comme un objet précieux, voire *noble*, lui aussi. Il s'est démocratisé, a pénétré toutes les classes sociales et, je le déplore, s'est transformé en une « marchandise » parmi d'autres. Son prix varie au gré des modes, en fonction de la demande et des courbes du marketing. Mais là n'est pas mon propos, ce serait trop long et peut-être fastidieux. L'essentiel à retenir, si l'on veut être positif, est que les chiens sont devenus, avec d'autres bêtes, des *animaux de famille*. Dans un précédent chapitre, j'ai parlé de ce phénomène de société et j'ai surtout insisté sur le fait que la présence des bêtes auprès de nous et leur *contact* étaient fondamentaux pour l'équilibre de chaque individu et, en conséquence, pour celui de la société.

Tous ces changements de situation créent un questionnement d'ordre législatif quant au nouveau statut à donner aux chiens et autres animaux familiers. On peut dire que cela prend l'allure d'un véritable casse-tête pour les législateurs qui semblent pour le moins embarrassés... De nos jours, il n'est plus du tout concevable de considérer les animaux – familiers en l'occurrence – comme des objets ou comme un mobilier, que l'on achète, que l'on casse et que l'on jette. Depuis le texte que j'avais réussi à faire voter en 1976, je l'ai déjà mentionné précédemment, on tourne en rond. Une chose est sûre : les chiens, comme tous les animaux, sont des êtres vivants qu'il faut traiter avec discernement, en respectant les paramètres biologiques de chacun et les conditions physiologiques d'existence correspondant à leurs propres espèces.

Dans les années 50, les choses étaient, bien entendu, différentes, et les chiens n'étaient guère « représentés ». En effet, lorsque je me suis installé boulevard des Batignolles, les vétérinaires canins n'étaient pas nombreux : une petite quarantaine seulement dans la région parisienne. Leur nombre restreint était très révélateur de la place « à part » – ou marginale – des chiens dans la société. Ne parlons pas de celle des chats ! Au Syndicat national des vétérinaires, par exemple, « les canins » ne faisaient pas partie de l'équipe dirigeante, seuls « les ruraux » régnaient. Il existait seulement une section canine qui n'avait pas voix au chapitre, et dont le pouvoir était quasi inexistant. La majorité des vétérinaires praticiens s'occupaient des animaux de ferme et des chevaux, et ils ne voulaient même pas consulter les chiens.

En 1958, deux de mes confrères parisiens, Aubry et Pézières, étaient venus me trouver pour m'inciter à me présenter aux élections d'un nouveau groupe de vétérinaires canins, en voie de création dans la région parisienne. Je n'avais aucune expérience ni velléité syndicale. Malgré ma réticence, je me suis incliné. J'ai été nommé secrétaire de séance. Nous nous réunissions une fois par mois. Au bout de quelque temps, j'avais proposé la création d'un service de garde opérationnel le dimanche et les jours fériés, car j'étais souvent confronté aux plaintes des clients qui ne trouvaient jamais de vétérinaires le week-end et la nuit. Je leur avais soumis sept formules différentes, mais toutes avaient été refusées... et je me suis senti ridiculisé. Trois mois plus tard, j'étais revenu à la charge et j'avais exigé la réunion d'une assemblée générale extraordinaire avec comme unique point à l'ordre du jour : « le service de garde ». Quarante-trois confrères étaient présents et trois d'entre eux avaient voté non. Un confrère avait même avancé comme argument que sa femme ne voulait pas qu'il travaille le dimanche ! Mais j'avais fini par obtenir gain de cause et tous s'étaient alignés. Résultat : on a aussitôt mis en place ce service de garde, à la disposition de nos patients animaux. C'était en 1960, avant la naissance du Samu...

Par la suite, de ce syndicat vétérinaire de la région parisienne créé en 1959, est née l'Association scientifique des vétérinaires, spécialistes de petits animaux. Deux ans plus tard, à Lyon, lors du congrès national, « les canins » commençaient enfin à exister et à compter dans la profession. J'étais chargé des relations publiques et je publiais nos communiqués de presse quotidiens. C'était l'époque où je commençais à participer à un certain nombre d'émissions de télévision, et les journaux nationaux me contactaient fréquemment à propos de n'importe quel problème d'actualité relatif aux animaux. Inutile de préciser que je faisais constater les bouleversements en cours concernant les animaux de toutes les espèces, et qu'il m'arrivait déjà d'être alarmiste. Et il y avait de quoi !

En 1993, par exemple, un pétrolier supertanker – le *Braer*, je crois –, voulant prendre un raccourci, avait été surpris par la tempête et était allé s'échouer au niveau des îles Shetland, au nord de l'Ecosse. On ne compte plus les marées noires, aujourd'hui. Pourtant, on sait que les nappes de pétrole qui s'écoulent dans la mer mettent en danger toute la population marine : les cétacés, les oiseaux, les poissons, les crustacés, etc. Les médias s'étaient emparés de l'événement et, pour une fois, c'était fondé à cent pour cent, car il s'agissait d'une véritable catastrophe ! Mon ami Hans Petersen et moi avions décidé de nous rendre sur les lieux pour apporter notre aide aux différentes espèces animales touchées par ce drame. Hans possédait un camion équipé d'une piscine. Ce véhicule lui servait lors des représentations de son spectacle avec des otaries de Patagonie et des manchots de Humboldt. Il servait aussi à les transporter et, pendant le voyage, les otaries comme les manchots pouvaient se baigner autant qu'ils le voulaient.

J'étais parti en avion avec une équipe de télévision et quelques journalistes. A Aberdeen, on avait dû prendre un petit avion qui nous avait posé à Lerwick, sur l'île principale des Shetland. L'archipel en compte soixante-dix. Hans était parti avec son camion. Il avait pris la route, avait traversé la Manche sur un ferry, était monté jusqu'en Ecosse et, après avoir embarqué sur un bateau de transport, nous avait rejoints à Lerwick. La tempête continuait et les autorisations de départ étaient calculées avec parcimonie, car les risques étaient sérieux, autant pour nous, en avion, que pour Hans, sur terre et surtout en mer.

Arrivés sur place – ce qui, avec le recul, n'était pas une mince affaire ! –, il nous avait fallu agir le plus vite possible pour repérer, saisir et tenter de sauver les oiseaux mazoutés et les phoques gris, assez fréquents dans cette région. Leur vie était en danger et nous devions travailler dans l'urgence afin de les débarrasser du mazout. Nous avions emporté les produits nécessaires à cette opération. J'avais une bonne expérience dans ce domaine, car, au début des années 80, j'avais été confronté au même problème et aux mêmes dégâts sur la faune. En effet, un pétrolier s'était alors échoué sur les côtes françaises et l'on avait ramené des oiseaux à Paris, dont je m'étais occupé. J'avais mis au point un système de lavage en utilisant une diversité de produits assez efficaces.

Il est très difficile de dissoudre et de décoller le magma d'hydrocarbure qui colle aux plumes. L'oiseau est immobilisé et il finit par se noyer. Il ne peut évidemment plus se nourrir. Les phoques se retrouvent dans des situations similaires. Sur les îles Shetland, nous avions pu approcher l'épave échouée sur un rocher, voir les nappes de mazout, et soigner quelques macareux et guillemots. La piscine avait servi de baignoire... Avec de l'eau chaude et des détergents, nous arrivions à ramollir et à gratter lentement les couches de mazout qui recouvraient le corps des animaux piégés. Mais nous avions dû nous y prendre à plusieurs reprises, car les oiseaux montraient des signes de fatigue. Nous devions aussi les nourrir à la main, pour les maintenir « en état de marche ». Les phoques gris avaient déjà été ramassés avant notre arrivée et nous n'en avions pas vu qui étaient morts ou échoués dans les criques que nous avions visitées.

Toutes les associations de protection animale de Hollande, des pays scandinaves, d'Angleterre et, bien sûr, d'Ecosse avaient accouru. Nous étions les seuls Français et ceux qui étaient sur place ne nous voyaient pas tous d'un bon œil. Pourtant, grâce à notre équipement, à nos compétences, nous avions fini par marquer des points et nous faire accepter. On peut dire que c'était une aventure d'y être allé et d'avoir sauvé quelques animaux ! Nous avions eu la joie de voir des poneys d'origine cavaler dans tous les coins perdus de l'île et d'apercevoir les innombrables élevages de saumons. Je n'avais cessé de penser alors aux îles voisines, les Orcades, dans la baie historique et naturelle de Scapa Flow dont on avait souvent parlé au cours de la dernière guerre mondiale. Les sous-marins allemands y avaient tenté fréquemment de couler les bâtiments anglais et Churchill avait fait construire une digue, avec un pont qui reliait trois îles.

C'est dans ces moments-là, souvent extrêmes et toujours au contact des bêtes, que je me sens à *ma* place, même si c'est trop souvent pour ramasser les pots cassés des hommes.

Malgré les marées noires et les guerres, malgré les erreurs des hommes qui les précipitent vers leur perte, certains d'entre nous continuent inlassablement à nous montrer la Terre sous son vrai jour afin que l'on n'oublie pas, ou plutôt afin que cesse notre fuite en avant. Il n'y a que la connaissance qui permette la prise de conscience et, grâce au travail et à l'action de certains aventuriers, on ne peut plus faire comme si l'on ignorait. Je pense notamment à mon ami Nicolas Vannier qui, toujours en quête d'aventures, nous rapporte régulièrement des images dont la beauté est bouleversante ! C'est un fanatique de *Croc-Blanc* et de Jack London. Il passe sa vie dans le Grand Nord et y trouve une quantité infinie d'éléments intéressants.

Au cours des années 80, Nicolas, qui n'était pas encore connu du grand public, avait ramené son chien Otchum de Sibérie orientale pour le faire soigner à Paris : lors d'une partie de chasse, Otchum avait reçu un coup de chevrotine qui lui avait cassé la queue. C'est à cette occasion que je les ai connus tous les deux.

Otchum était un chien de traîneau qu'une tribu d'Inuits avait offert à Nicolas, en guise d'amitié. Il était vite devenu le chien de tête – particulièrement excellent ! – de ses expéditions dans la neige et le froid. Il faut savoir que tout chien de tête commande les autres avec sa queue, dont les mouvements signalent telle ou telle direction. C'est le langage des chiens de traîneau. C'était évidemment très embêtant pour Otchum.

J'ai donc rafistolé les tendons et les muscles de la queue du chien, après avoir immobilisé la fracture d'une vertèbre caudale. La guérison était loin d'être garantie, car l'opération était délicate et sa réussite incertaine. Mais Otchum et moi avons eu une chance exceptionnelle. Très vite, il est redevenu le chef et a repris sa place en tête des expéditions. C'était un chien extraordinaire, d'une force incroyable et d'un caractère merveilleux ! Sa morphologie lui permettait de parcourir des distances infinies, sans faiblir. Il était fait pour la nature et les grands espaces et, pourtant, il était archicivilisé. Nicolas a largement parlé de son courage dans ses livres. Ni les loups, ni les ours – même un grizzli ! – ne lui faisaient peur.

Plus tard, j'avais rejoint Nicolas et Diane, son épouse, ainsi que leur petite fille Montaine, alors âgée de moins de deux ans, dans les montagnes Rocheuses, en Colombie-Britannique. Otchum était là aussi, bien sûr. Les autres chiens les avaient rejoints après qu'ils furent installés. Nicolas et sa famille étaient partis presque deux mois plus tôt avec des chevaux pour transporter le matériel. Ils avaient construit une cabane à mille cinq cents mètres d'altitude, au bord du lac Tchukachida. Il y avait une grande pièce avec une table et un petit poêle à bois, c'était parfait ! J'étais venu avec un autre ami, Thomas Bonhour, réalisateur de films. Une fois à Vancouver, un avion de ligne local nous avait déposés, Thomas et moi, à Fort George, la localité la plus au nord en Colombie-Britannique. De là, nous avions parcouru deux cents kilomètres en voiture jusqu'à Fort-Saint-James, au bord d'un lac. Un petit hydravion, un Halifax, nous avait alors embarqués puis déposés au lac Tchukachida, situé à cinq cents kilomètres de là. Je me souviendrai toujours de ce petit monomoteur qui, au démarrage comme à l'atterrissage, passait sous le pont au-dessus du lac...

Le village indien le plus proche devait se trouver à deux cents kilomètres environ. Autrement dit, nous étions au milieu des loups, des baribals et des grizzlis, sans parler des porcs-épics et des tétras. Le soir, nous posions un filet dans le lac et, le lendemain matin, nous récoltions un paquet de gros saumons. Grâce au fruit de notre pêche, nous étions tous rassasiés et les chiens étaient copieusement nourris ! Nous entendions les loups et les ours. Nous avions même pu approcher un baribal en grimpant sur une montagne voisine. Les chiens étaient attachés avec des chaînes assez longues. Lorsque nous les lâchions, ils revenaient avec la gueule pleine d'épines de porcs-épics ! Ils aimaient les chasser pour leur propre compte, mais n'appréciaient guère leurs piquants... J'ai dû intervenir à plusieurs reprises pour tenter de les extraire, et ce n'était pas toujours facile !

C'était au mois d'octobre et la neige commençait à tomber. Il me fallait repartir, hélas ! Quant à Nicolas, il avait dû attendre que tout soit bien gelé, vers la fin de l'année, pour s'élancer avec sa femme, sa fille et sa meute de chiens jusqu'en Alaska. Son film *L'Enfant des neiges* vient de là, ainsi que le livre où il raconte cette aventure, je dois dire exceptionnelle.

J'ai parlé d'ophtalmologie et d'aventures. A présent, comment ne pas dire un mot sur l'histoire du rhinocéros de Sainte-Ségolène qui, à elle seule, réunit ces trois composantes ?

C'était en 1986. J'allais périodiquement avec d'autres praticiens près de Clermont-Ferrand, aux laboratoires Chibret, pour des réunions de spécialistes en ophtalmologie. Pour gagner du temps, nous avions l'habitude de louer un petit avion monomoteur. Hervé Laforge, confrère et « néanmoins ami », était par ailleurs un excellent pilote. En général, ces réunions avaient lieu le samedi et elles duraient toute la journée. Au retour de l'un de nos vols à Clermont-Ferrand, Laforge, qui habitait Orléans, m'avait proposé de passer le dimanche chez lui. J'avais accepté et nous avions pris la route avec sa voiture neuve, pas encore rodée. Il conduisait vite, trop vite, à tel point que le moteur avait rendu l'âme à mi-chemin, en plein milieu de la Beauce, cette grande plaine où il n'y a aucun habitant sur de grandes distances... Il n'y avait pas de téléphone portable, à l'époque, et nous avions dû appeler un taxi d'un poste de secours sur l'autoroute. Il était venu nous chercher presque à travers champs, à deux kilomètres de l'endroit où nous avions été obligés d'abandonner le véhicule. Puis nous étions repartis sur Orléans, où nous étions finalement arrivés vers les 2 ou 3 heures du matin.

Le lendemain, vers 9 heures, j'avais téléphoné à mon cabinet à Paris pour connaître la situation. Mon remplaçant, qui assurait le service de garde la nuit et le dimanche, m'avait alors dit qu'il avait reçu un coup de fil pour un rhinocéros malade. Il n'avait noté ni les symptômes, ni le nom, ni les coordonnées, ni le lieu où l'animal se trouvait. L'appel téléphonique provenait d'un endroit situé à une quarantaine de kilomètres de Saint-Etienne, c'était la seule information qu'il avait pu me préciser...

Que pouvais-je faire dans ces conditions ? Après avoir pris mon petit déjeuner, je m'étais dit que la gendarmerie d'Orléans pouvait peut-être m'aider à localiser un cirque dans les environs de Saint-Etienne. J'avais eu la chance de tomber sur un gendarme extrêmement coopératif qui m'avait donné le numéro de téléphone d'un de ses collègues dans la région. Ce dernier avait été en mesure de localiser le cirque Carrington, à Sainte-Ségolène. Il avait même eu la gentillesse d'envoyer des collègues à moto pour dire qu'on pouvait me joindre par téléphone, ce que le directeur du cirque n'avait pas manqué de faire, quelques minutes plus tard.

Le seul moyen pour aller soigner son rhino était de reprendre le monomoteur et qu'il vienne nous chercher à l'aérodrome de Saint-Etienne, qui se trouvait à cinquante kilomètres d'où il était. Cela ne posait pas de problème. Nous avions alors procédé à la réservation du petit avion. Mais pour nous rendre à l'aéroport de Toussus-le-Noble, nous n'avions plus de voiture... Heureusement, le remplaçant de Laforge avait une vieille guimbarde, qu'il nous prêta, et nous voilà repartis ! Il me fallait faire un détour par Paris pour aller chercher le matériel nécessaire aux soins de l'animal. J'avais besoin de différents produits médicamenteux, ainsi que de mon fusil pour pratiquer les injections à distance. La peau du rhinocéros est tellement épaisse et dure que, même à coups de marteau, on n'arrive pas à y faire des piqûres ! Hervé Laforge avait déposé le plan de vol et, moi, j'étais parti à Paris récupérer mes ustensiles, mais le temps de revenir avait été si long qu'il avait fallu refaire le plan de vol. Il se faisait tard et, lorsque nous étions arrivés à Saint-Etienne, la tour de contrôle ne répondait plus. L'aéroport était fermé, mais nous nous étions posés quand même et nous avions enjambé les grillages pour sortir... Tout était désert, il n'y avait personne dans les environs, ni voiture, ni maison. Nous avons appris, plus tard, que Carrington était venu comme prévu, mais qu'en voyant l'aéroport fermé, il était reparti.

A quelques kilomètres de là, nous avions fini par apercevoir une petite lumière. C'était une baraque provisoire, d'où nous avions pu téléphoner aux gendarmes qui nous avaient aidés jusque-là. Ils étaient retournés chez Carrington, qui était revenu nous chercher. En l'attendant, nous avions partagé une omelette aux champignons avec les gens qui nous avaient si gentiment accueillis. C'est vers minuit que le directeur du cirque était arrivé et que, finalement, nous avions pu prendre la route en direction de Sainte-Ségolène.

Dès notre arrivée, nous nous étions occupés du rhinocéros qui se laissait palper l'abdomen sans résistance ni anxiété apparente. C'était une femelle et elle souffrait d'une gastro-entérite. Je lui avais fait une injection d'antibiotiques et administré le reste par voie orale. Elle n'avait rien de grave et devait suivre un traitement pendant quelques jours seulement. C'était un animal particulièrement sympathique ! J'en avais profité pour soigner un hippopotame nain, également malade. Il était atteint par la même infection intestinale que sa voisine.

Vers 2 heures du matin, nous avions cassé la croûte avec l'équipe qui nous avait accompagnés à l'auberge du coin et, le lendemain matin, nous étions revenus voir les bêtes. Puis nous avions repris notre avion, et le lundi matin nous étions de retour au bercail.

Pas grand-chose ne m'arrête lorsqu'une bête doit être soignée. Et si les animaux ont parfois besoin de nous, n'oublions pas que, nous aussi, les hommes, avons besoin d'eux.

12

Que seraient les hommes sans les bêtes ?

L'homme est un animal. Pourtant, il s'en défend. Il prétend ne pas l'être ou, tout au moins, ne plus l'être. Admettons. Une chose est sûre, depuis pas mal de millions d'années, les êtres humains n'ont cessé de côtoyer les bêtes, de se servir d'elles – pour se nourrir, par exemple – et même de les domestiquer.

Il est évident que les destins des uns et des autres ont été et continuent d'être, d'une façon permanente, intrinsèquement liés.

Si l'on s'appuie sur les connaissances actuelles, acquises grâce aux travaux des anthropo-paléontologues, on peut dire que notre espèce serait apparue en Afrique et qu'elle y aurait vécu au milieu d'une population animale plutôt éclectique. Parmi cette multitude, les grands loups roux aux yeux verts étaient probablement peu agressifs car ils trouvaient alors de quoi se nourrir facilement. Il y avait abondance de gibier. Ils s'observaient mutuellement avec ces grands singes sans queue. Pourquoi je pense aux loups, en particulier ? Parce que je m'interroge sur le premier « partenaire » de l'homme et que le loup semble représenter l'ancêtre du chien. Je me dis qu'il pourrait être le tout premier compagnon du futur être humain, avant que le chien ne le devienne, comme c'est le cas aujourd'hui.

Notre ancêtre aurait pu trouver un petit, ou même une portée, sur son chemin. Il aurait d'abord été tenté de les consommer, mais il se serait finalement abstenu. Le hasard, ou bien un penchant d'ordre sentimental (pourquoi pas ?), lui aurait suggéré de garder les louveteaux vivants auprès de lui et de les coller contre son corps pour se réchauffer. On peut aisément imaginer qu'il y avait des périodes froides, à l'époque, même dans les régions tropicales. Avec davantage d'imagination, on pourrait réécrire l'histoire !

On peut, par exemple, se demander si, au lieu des loups, il ne s'agissait pas plutôt de chacals. Mais, après réflexion, je ne le crois pas, car il est fort peu probable que le chacal ait pu évoluer vers le loup, par mutation ou autre phénomène. Sans doute s'est-il mélangé aux espèces locales, celles des loups des régions nordiques, notamment, mais là n'est pas notre propos.

Quelles que soient les diverses versions historiques possibles, quelques millions ou quelques milliers d'années plus tard on peut affirmer que le loup a, à coup sûr, croisé le chemin des futurs hominidés. C'est en allant vers le nord, sur le continent euro-asiatique, que ces derniers l'ont probablement rencontré. A ce propos, ils se sont apparemment inspirés de sa méthode de chasser en meute, une façon de faire qui semble aujourd'hui bien ancrée dans la mémoire génétique de l'espèce humaine.

Pendant plusieurs millions d'années, les êtres humains ont appris à se défendre contre leurs prédateurs. Aussi se sont-ils sans doute servi des compagnons d'existence que seraient devenus, selon notre hypothèse, les jeunes loups ou les jeunes chacals, pour appréhender plus efficacement le danger. Grâce à leur flair exceptionnel et à une ouïe particulièrement sensible, les loups les avertissaient sans doute et les aidaient peut-être à prévenir l'approche d'éventuels ennemis. De même, il est possible que les hommes aient rencontré pour la première fois les loups autour d'une charogne, car, au début, ils n'étaient pas capables de chasser d'autres gibiers que de tout petits animaux et des insectes. Ils devaient donc se contenter des restes, de charognes en l'occurrence, mais notre supposition ne tient la route et n'est valable que si l'on se reporte à l'époque où, bien sûr, les futurs êtres humains sont devenus carnivores.

Inutile de dire que le « partenariat » avec certaines bêtes a été profitable à nos précurseurs, physiquement, mentalement et matériellement. En effet, ils ont certainement tiré profit de la proximité des bêtes et de leur cohabitation, en imitant leurs techniques de défense et d'attaque, ainsi que leurs façons de se nourrir et de s'abriter.

Laissons libre cours à notre imagination et continuons de nous représenter la vie primitive de nos ancêtres. Je me sens tout à fait à l'aise dans la peau d'un de ces pré-cromagnons. J'éprouve le sentiment d'être ce que je suis, c'est-à-dire un animal vivant qui ne cherche rien de plus que survivre, simplement, et ne demande rien d'autre que se nourrir, pour le moment.

Je vis dans une région assez désertique, où les nuits sont froides. J'ai de la chance, car j'ai trouvé un compagnon qui me tient chaud, du coucher du soleil au lever du jour. C'est un jeune loup, ou un jeune chacal, je ne sais pas, mais je remarque, en tout cas, qu'il est de plus en plus gentil et de plus en plus proche. Son pelage est doux et agréable au toucher et, surtout, il me réchauffe, comme le ferait une bouillotte (un objet qui, évidemment, est encore loin d'exister !). On dirait qu'il m'aime bien, car il lui arrive de me lécher pour me montrer les prémices d'une d'affection. Il a perdu sa famille d'origine, il est tout seul sur Terre et, à ce jour, il n'a que moi. Plus le temps passe et plus nous nous sentons liés, tous les deux, attachés par un fil invisible qui s'appelle amitié ou affection. Nous nous rendons mutuellement service en partageant plus ou moins nos victuailles. Je me surprends même à m'inquiéter un peu quand il n'est pas là, comme d'habitude, à la tombée de la nuit.

En lisant cette histoire inventée d'un hominidé avec un animal, certains d'entre nous penseront peut-être au *Livre de la jungle* et à Mowgli, par exemple, ou à un film de Walt Disney. D'autres se remémoreront la légende de Remus et Romulus, adoptés et sauvés par une louve. Quelques-uns ne manqueront pas de se souvenir des *Fables* de La Fontaine, car les animaux y caricaturent, avec génie, les failles et les faiblesses des hommes. Mais, tous, nous pouvons facilement extrapoler sur la présence des bêtes auprès de nous et imaginer leur véritable influence sur notre évolution, depuis des millions d'années. Quelle que soit notre manière de voir et de penser, quels que soient nos doutes, nos certitudes et notre savoir sur la question, il paraît évident que les bêtes sont ancrées dans la vie quotidienne des hommes depuis toujours. Leur omniprésence a certainement fini par s'inscrire dans les gènes de cette nouvelle espèce que sont les hominidés, lesquels deviendront soi-disant *« sapiens »*...

Et pendant tout ce temps – particulièrement long puisqu'il recouvre des millions d'années –, le jeune loup (ou chacal) aura, lui aussi, grandi auprès des hommes et, en fonction des périodes et des classements, il sera devenu un chien. Et le chien est aujourd'hui le fidèle compagnon du berger, du chasseur, du vagabond, du gendarme, du gardien, du policier, de la vieille dame, de l'enfant et même du président de la République !

De toutes les catégories, de toutes les tailles et de toutes les couleurs, les chiens accompagnent et assistent l'homme depuis des siècles, voire des millénaires ; ils apportent une présence et comblent l'absence, ils attaquent et défendent, ils chassent ou gardent le bétail, de vaches, de moutons ou de chèvres, ils secourent les alpinistes surpris par une avalanche ou cherchent la drogue camouflée dans les autos ou les bateaux. A certaines époques ou dans certaines contrées éloignées, ils servent parfois de nourriture pour les hommes, et font même office de fournisseurs de fourrure. Ils sont aussi utilisés, comme médecines, une fois tués ou morts naturellement.

Je ne vais pas énumérer tous les emplois que l'on fait des chiens dans les armées, les guerres, la police, la gendarmerie, les pompiers, lors des catastrophes naturelles, pour la recherche de personnes disparues, la défense, la garde de dépôts, etc. La liste semble infinie. Elle s'est d'ailleurs allongée, depuis quelques années, avec l'apparition des chiens thérapeutes dans les hospices et dans les hôpitaux, en particulier dans les services de longue durée et ceux de psychiatrie. Sans oublier les chiens guides pour les sourds ou les aveugles, bien sûr !

C'est en 1952 que Paul Corteville, ouvrier du côté de Lille, a eu l'idée d'éduquer un chien pour un aveugle de son entourage. Il a poursuivi cette œuvre toute sa vie. De là, est née l'Ecole des chiens guides à Wasquehal, dans le Nord.

En 1960, j'ai eu l'occasion de collaborer avec Henri Calfan, avocat et père de Nicole, comédienne bien connue. Sur son incitation, j'ai participé à la création de la première école de chiens guides pour aveugles en France, à Sospel, dans les Alpes-Maritimes. En 2001, Henri Calfan est même venu m'assister à la mairie du XIIIe arrondissement à Paris, lors d'une manifestation organisée par le Lion's Club des Gobelins, au bénéfice de l'Ecole de chiens guides pour aveugles et malvoyants de Paris et de la région parisienne, dont j'étais le fondateur et le président.

En 1982, j'avais proposé à Jacques Chirac, alors maire de Paris, de créer cette école de chiens guides. Un jour, il m'avait téléphoné et m'avait demandé ce que je faisais le vendredi 11 novembre. Comme j'avais l'intention de rester à Paris, il m'avait convié à l'Hôtel de Ville. Nous n'étions que tous les deux dans son bureau. Il avait mis de grosses bûches dans la cheminée et, confortablement installés auprès du feu, nous avions parlé pendant deux heures de choses et d'autres...

Le surlendemain, c'est-à-dire le dimanche 13 novembre, M. Chirac avait fait venir quelques responsables de son équipe dirigeante, dont le préfet Cabanna et M. Surand, responsable des Parcs et jardins de la ville. Ce dernier, qui avait le fémur droit fracturé et la jambe entièrement plâtrée, était venu avec des cannes anglaises (c'est le genre de menus détails qui restent parfois accrochés à la mémoire...). Deux ou trois autres responsables étaient présents et, après deux heures de discussion, le projet de l'école de Paris avait été établi et, je dirais même, commandé. Un architecte, désigné par la Ville de Paris, avait alors construit une maquette des futurs locaux, laquelle avait été présentée lors d'une conférence de presse. Mais il avait fallu guerroyer avec la commission des sites et nous avons été baladés entre le bois de Vincennes, le bois de Boulogne et divers autres emplacements possibles, pendant... plusieurs années ! On avait fini par trouver un endroit parfait pour notre projet, juste derrière le zoo de Vincennes. Le terrain alloué n'était pas très grand, mais il était bien placé, en face du rocher du zoo que tout le monde connaissait. C'était un bon début.

L'Ecole des chiens guides pour aveugles de Paris et de la région parisienne a été inaugurée en 1987. Elle n'a pas déménagé et se trouve toujours en bordure du bois de Vincennes. Elle compte de plus en plus de chiens éduqués et formés pour aider les handicapés visuels à vivre le plus « normalement » possible dans une société où les rythmes s'accélèrent et où les exigences, tout comme les difficultés, s'accroissent.

Voilà encore une aventure, parmi tant d'autres, vécue grâce et avec les animaux. Depuis le début, nous avons été bien soutenus par la Ville de Paris, ce qui nous a permis de faire progresser les systèmes techniques d'éducation et de formation des chiens, que je n'hésite pas à qualifier d'universitaires ! Oui, parfaitement, on peut le dire : « nos » chiens guides sont tellement bien formés que, à leur échelle, ils ont un niveau « universitaire » comparable à celui de tous les cerveaux bardés de diplômes... Histoire de leur donner un coup de chapeau tout à fait mérité.

Pour entrer un peu dans les détails, les chiens guides pour aveugles bénéficient d'une formation de six mois environ, à raison de quatre heures par jour. Il ne leur faut pas davantage pour apprendre leur boulot et acquérir un vocabulaire particulier, simple mais précis, voire percutant. Ils le comprennent à la perfection et y répondent à la seconde près. Ce que je trouve le plus extraordinaire est leur capacité à être et à se sentir véritablement responsables des personnes handicapées qui leur sont confiées, ou auxquelles on les confie, au choix, puisque ça marche dans les deux sens. Lors de l'apparition subite d'un obstacle, ou même d'un danger, ils sont capables, en une fraction de seconde, de mettre en pratique la théorie qu'ils ont assimilée en quelques mois seulement. Aussitôt, ils prennent la bonne initiative pour protéger ou épargner leur compagnon humain qui, lui, n'a rien prévu, car, malheureusement, il n'a rien vu. Il est intéressant de noter qu'ils agissent toujours avec une efficacité et une rapidité incroyables, même s'ils ne connaissent pas la personne aveugle ou déficiente visuelle, et même s'ils n'ont pas forcément eu le temps de s'habituer à elle et de l'apprécier. Ils accomplissent une mission liée au handicap terrible qu'est la cécité, et, comme de bons petits soldats, ils obéissent aux ordres donnés et, en l'absence de mots, c'est-à-dire quand ils sentent le danger ou l'imprévu que l'autre ne voit pas, ils répondent à leur propre instinct, particulièrement juste et affiné. Inutile de dire que les chiens guides évitent une multitude de désagréments à leurs compagnons aveugles et que, parfois, ils les tirent même de situations plus qu'embarrassantes, dangereuses.

Les chiens guides pour aveugles sont des compagnons qui aident à vivre et à espérer. Ils sont comme une porte ouverte sur l'extérieur pour les êtres humains atteints de cécité, un lien qui les relie à autrui, ainsi qu'un appui, un soutien et surtout un compagnon vivant. Ils les stabilisent affectivement et leur permettent de devenir indépendants, ou tout au moins autonomes.

Un exemple simple permet de mieux comprendre l'importance de leur intervention auprès des aveugles : la personne handicapée voudrait s'asseoir dans un environnement qui ne lui est pas familier. Elle est seule et personne n'est là pour l'aider, excepté son chien. Elle lui dit alors : « chaise » et le chien guide l'y conduit aussitôt. Tous deux sont reliés par un harnais rigide et le chien, toujours collé à la jambe de son maître, le pousse sans difficulté vers l'objet commandé. En conséquence, grâce à la présence et à l'action des chiens guides, nombre d'aveugles sortent de chez eux sans appréhension, ont une vie sociale quasi normale et sont capables d'exercer une activité professionnelle.

L'animal sort l'homme de sa solitude et, pourrait-on dire, de sa nuit...

En 2001, un enfant avait aperçu nos chiens à l'entraînement et il s'était écrié : « Maman, regarde, des chiens lumière ! » Afin qu'ils soient repérés dans la nuit, les chiens étaient en effet munis de colliers phosphorescents, ce qui expliquait les mots de l'enfant. Son expression – si belle ! – n'était pas tombée dans l'oreille d'un sourd...

Un chien guide remplace les yeux de l'aveugle. Il est sa vue, son regard, et donc sa lumière. J'ai repris cette idée pour l'organisation d'une fête symbolique du chien guide. Le solstice d'hiver m'a semblé être le symbole qui convenait. C'est la nuit la plus longue de l'année et, pour les aveugles, elle est permanente.

L'idée, qui a germé dans notre esprit, s'est vue réalisée grâce aux efforts de notre équipe de l'école et de nombreuses personnes, professionnels et bénévoles, sous la forme d'un chien lumière de vingt-neuf mètres de long – la largeur du Champ-de-Mars – et de douze mètres de large, au pied de la tour Eiffel ! Il était composé de multiples spots, chacun étant associé à un aveugle et à son chien guide, formé dans notre école. On pouvait voir le dessin du harnais qui reliait le chien à son non-voyant, ou malvoyant, c'était superbe ! Parmi les spectateurs, personne ne savait à quel point le transformateur, qui fournissait le courant électrique, était lourd...

Cela se passait le samedi 22 décembre 2001, le jour du solstice d'hiver, la nuit la plus longue de l'année. C'était aussi l'avant-veille de Noël. Cette date était magique, car hautement symbolique, mais elle était aussi difficile, car la plupart des gens étaient occupés à organiser leurs propres fêtes de Noël. Néanmoins, nous avons eu de la chance, parce que le temps était clément et que nous avons pu bénéficier d'un direct sur France 2, filmé depuis le premier étage de la tour Eiffel, grâce à Olivier Mazerolles, alors directeur du journal télévisé. Simultanément, les caméras de France 3, arrivées sur place et restées au sol, filmaient depuis le bas de la Tour. Le spectacle, son et lumière, était retransmis en direct sur la chaîne publique.

A l'issue de notre manifestation, une réception avait été organisée à l'Hôtel de Ville en l'honneur des personnes handicapées visuelles, de leur famille, des accompagnateurs et des chiens guides, bien sûr ! Le service du protocole avait prévu de mettre des gamelles tout le long du buffet. Pour la photo, pas pour rire comme on pourrait le croire, mais pour relever – avec sérieux et légèreté – le rôle primordial des chiens, nous avions posé quelques bouteilles de champagne à côté des gamelles...

Deux ans plus tard, en 2003, on nous a imposé de faire notre chien lumière le 27 septembre, en raison des programmes établis à l'avance dans l'agenda des festivités de l'Hôtel de Ville. Nous avons évidemment accepté, mais, par suite de la canicule qui avait détruit l'herbe au pied de la tour Eiffel et à cause des travaux en cours, nous avons été déplacés à l'autre extrémité du Champ-de-Mars, qui s'avérait être un lieu bien moins visible et donc moins stratégique. Nous avons donc imaginé de construire un grand chien de la même taille (vingt-neuf mètres sur douze), mais debout. Ce n'était pas une mince affaire ! Nous avons toutefois réussi à créer un formidable spectacle son et lumière avec orchestre et chants – des gospels chantés par les aveugles, notamment – d'une qualité exceptionnelle ! Le public est venu nombreux à l'Espace Joffre, juste devant l'Ecole militaire, pour faire la fête, chanter, danser et applaudir les chiens guides et tous les autres participants. Comme il ne faisait pas encore nuit, puisque nous étions en septembre, le spectacle n'a pas été retransmis en direct au journal télévisé de 20 heures, mais on en a parlé le lendemain, au JT du dimanche.

Nous avons eu la visite du président, en personne, de la Fédération internationale des écoles de chiens guides du monde. Ce dernier est spécialement venu des Etats-Unis à notre fête du chien lumière, qui restera *la* fête des chiens guides pour aveugles.

Qu'il soit bien portant, malade, handicapé ou mourant, l'homme a besoin de la présence de l'animal. Au fil du temps, il est devenu un « accro » des animaux de toutes les espèces, aussi différentes les unes que les autres, suivant les régions, plates ou montagneuses, les climats, plus ou moins rudes, les continents et les cultures. Depuis des millions d'années, il est dépendant des bêtes pour se nourrir, se vêtir et se loger. Son cerveau, de plus en plus évolué, a grossi et grandi en se peuplant d'animaux. J'écris cela en pensant aux grottes préhistoriques, dont certaines sont de véritables musées d'art rupestre ! Ces peintures extraordinaires, qui mettent surtout en scène des animaux, ne nous prouvent-elles pas l'importance de leur place dans la vie des hommes ? Ne sont-elles pas, d'une certaine façon, une représentation de l'intérieur de leur tête, c'est-à-dire de leurs pensées, et de l'intérieur de leur cœur, le siège de leurs sentiments ? Elles mettent en image, d'une certaine façon, leur dépendance physique, matérielle et affective à l'égard des animaux, sans parler d'un besoin spirituel naissant, tourné vers le ciel et symbolisé par les bêtes de leur entourage.

Lorsqu'on arrive à la période dite « historique », on constate que les bêtes deviennent des remèdes contre tous les maux. Pour lutter contre les diverses maladies, les êtres humains tentent de trouver des « recettes » de guérison. Plus ils sont impuissants devant leurs souffrances, plus ils recourent à l'irrationnel, et notamment aux sacrifices (des bêtes qui leur sont proches, surtout...). Je respecte toutes les croyances, mais, d'un point de vue clinicien, je ne peux m'empêcher de me dire qu'il s'agit là de la manifestation de la bêtise des hommes qui se sont toujours imaginé que, en tuant les animaux (en particulier ceux qui leur sont chers), en les mangeant ou en s'enveloppant de leurs peaux, ils pourraient hériter de leurs qualités innées, comme la beauté, la force et la sagesse.

L'animal, qui s'est rendu indispensable, est devenu une véritable « drogue » pour l'homme. Ce dernier n'a jamais pu s'en passer et il l'a divinisé tout en le sacrifiant. Il est vrai que, si l'on part des êtres monocellulaires, l'homme est, pour le moment, le plus perfectionné de tous les animaux. Mais il s'est toujours appuyé sur eux et, de ce fait, il est évident que son évolution est intimement liée à leur présence, leur influence et leur aide. L'homme ne serait pas ce qu'il est, aujourd'hui, sans les bêtes. Dans le monde contemporain, que j'ai un peu décrit dans les chapitres précédents, il serait sans doute perdu, voire malade, sans le contact des animaux qui lui tiennent compagnie et auxquels il s'accroche. Ce n'est pas un hasard si la courbe exponentielle du nombre des animaux de compagnie dans les foyers correspond à l'explosion démographique humaine, aux migrations rurales vers les grandes agglomérations, à l'augmentation de la vitesse et à l'accroissement de la solitude dans les villes. L'homme se raccroche à la branche de l'arbre qu'il est en train de scier.

On finit par admettre que l'animal est une thérapie pour les êtres humains. Les papys et les mamies, se retrouvant plus ou moins seuls, avaient, depuis fort longtemps déjà, inventé les animaux compagnons sur lesquels s'appuyer dans leur solitude psychique et matérielle. Ce phénomène social est devenu tellement important que, même en Extrême-Orient, les chiens et les chats, par exemple, sont en train de devenir des compagnons affectifs alors que, dans les années 60, ils étaient principalement destinés à la consommation culinaire. Il a suffi de trois ou quatre décennies pour que ces animaux figurent de moins en moins au menu. Et les brochettes de chien, qui étaient en vente à tous les coins de rue, même dans les îles polynésiennes, sont, semble-t-il, en train de disparaître.

Heureusement, nous allons de plus en plus loin en matière de reconnaissance des bienfaits des animaux sur les êtres humains. En effet, les médecins ont démontré qu'en caressant un animal, un chien ou un chat, par exemple, on pouvait abaisser la tension sanguine d'un hypertendu. C'est à partir de ces constatations qu'est née la zoothérapie.

Il y a quelques années, j'ai collaboré avec Caroline Bouchard qui a initié cette activité au Canada. Par la suite, elle est venue en Touraine pour y poursuivre son travail avec les personnes âgées dans les maisons de retraite, et les enfants atteints de pathologies diverses. Depuis quelques années, des associations se constituent en France et dans le monde entier pour mettre en place des thérapies assistées par l'animal. Ces suivis, fondés sur l'assistance des êtres humains par les bêtes, ne cessent d'évoluer en fonction des expériences et des nouvelles connaissances acquises sur le sujet.

J'ai parfois croisé le destin de certains humains, des *vrais,* qui, en plus d'être des aventuriers de la vie, étaient de véritables visionnaires. Ce sont ces êtres qui, à cause de leurs idées précoces et quelquefois même révolutionnaires, affrontent le doute ou la suspicion, l'opposition ou, pire peut-être, l'indifférence des autres. Ils ont seulement un chouïa d'avance sur leur temps, lequel finit toujours par leur donner raison... Sam Ross fait partie de ces êtres exceptionnels et j'ai eu la chance de le rencontrer, il y a quelques années.

En 1947, Sam Ross, alors âgé d'une vingtaine d'années, avait, sur un coup de tête – c'est du moins l'interprétation qui en a probablement été faite – abandonné ses études et demandé à son père, médecin à New York, de lui acheter une ferme. Quelle idée saugrenue ! Du jour au lendemain, il était donc devenu *gentleman farmer*, propriétaire d'une ferme de trente-neuf hectares, soixante-quinze acres, et de quelques animaux tels que des vaches, des chevaux, des moutons, des lapins, des poules, etc., dans le nord de l'Etat de New York. L'année suivante, en 1948, contre toute attente, il avait ouvert une sorte d'établissement scolaire où, au début, onze enfants seulement étaient inscrits. Ces jeunes étaient psychologiquement perturbés, en difficulté familiale et, pour la plupart, en échec scolaire. Dans la ferme, ils vivaient au contact des animaux qu'ils pouvaient approcher et dont ils avaient le droit de s'occuper. Inutile de dire qu'ils étaient très intéressés par les bêtes, bien sûr, mais aussi par tout ce qu'ils apprenaient. Peu à peu, ils allaient mieux et ils se sentaient bien, ils créaient des liens avec les bêtes, et, entre eux, l'exclusion perdait son sens tandis que la vie reprenait le sien.

Fort de son succès, Sam continuait de développer cette activité et il avait petit à petit mis en place une équipe pluridisciplinaire. A Grey Chimneys – nom donné à l'établissement en raison de ses toits verdâtres –, on recueillait toutes sortes d'animaux abandonnés, dans des situations aussi difficiles que les jeunes gens, dont le nombre grossissait d'année en année. Il y avait des adolescents et des adultes, des délinquants et des drogués, des autistes et plein d'autres individus atteints de diverses pathologies psychologiques ou sociales. La plupart des exclus de la société – ou tout au moins ceux qui avaient la chance de le rencontrer – tombaient dans l'escarcelle de Sam Ross. Les méthodes de travail et d'enseignement à Grey Chimneys, dont le domaine couvre aujourd'hui près de trois cents hectares, étaient connues dans le monde entier et elles commençaient à être imitées un peu partout.

J'ai eu l'occasion de visiter ce lieu et j'en suis sorti émerveillé ! Sam nous avait emmenés dans différentes manifestations qui comptaient parmi ses activités loco-régionales. A l'une d'entre elles, j'ai eu l'occasion de rencontrer l'acteur Paul Newman qui soutenait les actions entreprises par Sam.

Un jour, nous étions partis de Brewster (la localité où se trouve Grey Chimneys) en direction de New York, avec plusieurs camions portant l'inscription suivante : « *The Farm on the Move* », la ferme en mouvement. Nous étions arrivés sur un terrain vague, dans le Bronx, et nous avions « déballé » tous les bestiaux, les poules, les cochons, les moutons, les poneys, les chevaux, les vaches, etc. Une foule nous avait immédiatement rejoints et envahis. Tous les habitants du Bronx, grands et petits, jeunes et vieux, se bousculaient – et se battaient même ! – pour approcher les animaux. Certains parvenaient à saisir une poule, d'autres à caresser une truie, d'autres encore à tirer la queue d'une vache... Le but de chacun d'entre eux était de toucher un animal *pour de vrai*. Nous avions l'impression que tous ces gens n'avaient jamais vu un animal vivant et qu'il leur était difficile d'établir un rapprochement entre les poulets rôtis qu'ils consommaient et ceux qu'ils voyaient là, debout devant eux. Comme si, dans leur esprit, les *chickens* naissaient dans les *supermarkets*...

Je crois savoir que, avec les soutiens de nombreuses personnes, notamment celui de la ville de New York, Sam avait acquis un immeuble dans la 13e Rue, *downtown*. Sur place, avec des jeunes qui ont été rééduqués à Grey

Chimneys, des professionnels dispensent un enseignement et poursuivent une activité similaire d'entraide aux personnes seules ou exclues, en difficulté ou en échec, en mal de vivre...

Vers la fin des années 50 et au début des années 60, toujours à New York, Boris Levinson, un psychiatre américain, avait eu l'occasion de recevoir en consultation un enfant autiste dont l'état était particulièrement grave et inquiétant. Par un heureux hasard, le chien du médecin se trouvait dans son cabinet, ce qui, d'ordinaire, n'arrivait jamais. L'enfant, qui refusait toute communication et était catalogué par les nombreux spécialistes qui l'avaient vu comme « un cas désespéré », s'était mis à sourire au chien. Il s'était miraculeusement ouvert, voire déverrouillé, et il avait pris contact avec l'animal. Le premier pas avait été franchi...

Levinson avait poursuivi son travail dans cette voie et avait obtenu des résultats très encourageants. Il les avait publiés quelque temps après.

Mon excellent camarade, ami et confrère, Ange Condoret, avait eu connaissance des expériences de Levinson. Je l'avais connu à l'école vétérinaire de Toulouse et nous nous voyions régulièrement, car nous nous appréciions beaucoup.

Ange exerçait alors à Caudéran, près de Bordeaux. Intéressé par le travail du psychiatre américain, il avait publié, quelques années plus tard, le cas d'une petite fille qui ne voulait pas communiquer avec le monde extérieur. Elle avait fini par parler et s'éveiller, s'ouvrir et être réceptive grâce à une colombe qui avait été autorisée à l'accompagner à l'école et à rester auprès d'elle dans la classe. Ange

Condoret a laissé une marque indélébile dans le rôle joué par l'animal auprès d'êtres humains atteints de troubles psychotiques.

Mon ami avait été l'un des premiers à m'accompagner au Congrès vétérinaire des Britanniques, à Londres, que je fréquentais déjà régulièrement. Ange souhaitait présenter l'une de ses observations chirurgicales chez un chat. Comme il n'était pas prévu au programme, son intervention n'était pas possible. Je l'ai introduit auprès de Gordon Knight, professeur du Royal Veterinary College, qui présidait le congrès et lui permit de prendre la parole au cours de cette réunion.

Depuis les années 60, Ange et moi avions souvent eu des conversations sur le début de cet engouement pour les chiens, les chats, les oiseaux et toutes les bêtes de la création. Dès qu'il venait à Paris, je ne manquais pas de le rencontrer, car j'étais aussi passionné que lui par ces expériences qui, en apportant aux animaux la reconnaissance qui leur était due, nous donnait raison, en quelque sorte.

Raconter ces différents événements m'a permis d'illustrer quelques liens entre nous et les bêtes. Il y en a tellement qu'une bibliothèque ne suffirait pas pour en relater les diverses facettes.

Tous les grands auteurs classiques ont eu des animaux, lesquels leur ont sûrement permis d'affiner leur réflexion sur le monde et sur le genre humain. Descartes semble être l'une des exceptions. Selon sa théorie de l'animal-machine, les bêtes seraient comme des machines sans âme. Cette pensée est étrange, peu réelle et – heureusement ! – très controversée. J'ai beau la replacer dans le contexte de l'époque, il m'est toujours difficile d'admettre qu'un homme à qui l'on a attribué une clairvoyance manifeste ait eu une réflexion aussi éloignée des vérités les plus « élémentaires » qu'impose la nature elle-même. Cela n'empêche pas que, selon l'Académie comme dans le langage courant, « cartésien » signifie ordre, rigueur et méthode. Ce que les philosophes, de même que les scientifiques qui lui ont emboîté le pas, ont appliqué. Je vais tenter de suivre une route similaire, méthodique et rigoureuse. Cependant, il me faut vous parler de certaines pathologies qui concernent autant l'homme que les bêtes.

13

Anthropozoonoses

Les zoonoses sont les maladies infectieuses transmissibles des animaux à l'homme. Les anthropozoonoses sont les maladies transmissibles dans les deux sens, de l'homme à l'animal et vice-versa.

Il est vraisemblable que la connaissance des pathologies animales remonte aux temps les plus anciens. Des documents se rapportant à ce sujet au roi de Babylone, Hammourabi (XVIIIe siècle av. J.-C.) et à la haute Antiquité égyptienne, sont connus. Mais j'imagine, et je ne crains pas de l'affirmer, que du temps de l'art rupestre nos prédécesseurs devaient très bien connaître certains « bobos » de leurs bêtes, puisqu'ils étaient capables de les « afficher » sur des rocailles. Ils devaient être en possession d'une somme de connaissances appréciables dans certains domaines, que nous avons mis quelques millénaires à découvrir et dont nous osons nous vanter. Pour eux, l'animal était probablement sacré, pas forcément déifié. En tout cas, il devait représenter une valeur non commerciale mais hautement estimable. Sa place dans leur existence et leur vie quotidienne était probablement primordiale. On pourrait penser que l'animal équivalait, sinon dépassait en considération, l'être « humain » de l'époque.

L'anthropocentrisme – l'égoïsme individuel transposé à l'échelle collective de notre espèce – a fait que, pendant des siècles, sinon des millénaires, nos « bobos » et nos soins n'avaient rien de commun avec ceux des bêtes.

Il a fallu pas mal de siècles pour en arriver à l'esprit très clair de Talleyrand qui proposa, lors de l'Assemblée constituante du 15 novembre 1790, l'unification des enseignements des maladies animales et de celles de l'homme. Cette proposition, pertinente et fort judicieuse, n'eut pourtant aucune suite. Il est vrai que l'exploitation de toutes les espèces animales domestiquées représentait une richesse non négligeable. Le cheval et consorts, ainsi que les bovins, étaient la source d'énergie générale de l'agro-alimentaire et des transports. A la Révolution, la première école vétérinaire au monde, celle de Lyon, a été créée en 1761 et existe donc depuis trente ans. La société du XIXe siècle est essentiellement fondée sur l'agriculture et l'élevage, mais l'industrie et les transports commencent à occuper une place qui deviendra prépondérante.

Au milieu du XXe siècle, un grand virage a lieu. Le cheval commence à disparaître en tant que moyen de travail et de transport, cédant peu à peu la place au moteur à explosion et au pétrole. Les garages, les pompes à essence remplacent les maréchaux-ferrants et les forgerons. Les vétérinaires migrent vers la ville ou, en tout cas, deviennent plus citadins. Les populations rurales diminuent. Alors qu'elles représentaient près de 90 %, elles ne sont plus que 10 % environ. La population animale devient citadine aussi, oiseaux de cage et d'ornement, chiens puis chats envahissent les villes.

La médecine, la chirurgie, la microchirurgie, les technologies d'imagerie, les techniques de laboratoire, la microbiologie, la génétique, la biologie moléculaire, la microscopie électronique et l'électronique font toutes des pas de géant.

De nombreuses maladies régressent grâce à l'acquisition de toutes ces connaissances et techniques. En particulier, les maladies infectieuses provoquées par la plupart des bactéries sont combattues soit par prophylaxie, grâce aux vaccinations, soit par l'avènement des sulfamides, puis des antibiotiques. Certaines maladies d'étiologie virale, la rage par exemple, sont plus facilement combattues depuis Pasteur, mais bien d'autres donnent du fil à retordre aux chercheurs, aux vétérinaires et, bien entendu, aux médecins. J'ai placé les vétérinaires d'abord, non par affinité personnelle, mais pour respecter la logique des événements. La plupart des zoonoses étaient connues par nous, les vétérinaires, alors que, récemment encore, les médecins de l'homme les ignoraient, d'une part parce qu'elles étaient assez négligées au cours de l'enseignement universitaire, et d'autre part volontairement car, pour eux, les animaux, c'est « autre chose »... C'est sans grand intérêt, ils comptent pour du beurre...

Exemple : la maladie de Lyme, découverte en 1975 aux Etats-Unis, dans la ville qui porte son nom, est transmise par une tique, parasite bien connu des vétérinaires. Au début des années 80, je participe au Val-de-Grâce, à Paris, à un colloque de médecins sur les babésioses, maladies transmises par les tiques, et je prends connaissance de cette maladie de Lyme. Au mois de mai 1986, je fais la connaissance d'une dame avocate mariée à un médecin. Début septembre, elle est immobilisée par une arthrite des deux genoux et incapable de se déplacer. Au cours du mois d'août, elle était partie en vacances à Cavalaire, sur la Côte d'Azur. Elle en était revenue avec les genoux très douloureux, qui la rendaient invalide. Elle est hospitalisée dans un grand hôpital parisien, où des amis confrères de son mari et des professeurs la traitent, sans cependant résoudre son problème et sans en définir l'étiologie.

Je l'interroge à mon tour et je propose l'hypothèse de la maladie de Lyme. Ses médecins se moquent de ma proposition, je pourrais rapporter qu'ils « s'en tapaient sur le ventre », et continuent sur leur « chemin » d'une arthrite inexpliquée pendant trois ans, administrant à la patiente de fortes doses de corticoïdes... ! A ce stade, un médecin généraliste de notre amie effectue une prise de sang qu'il expédie à l'Institut de médecine tropicale à Anvers, en Belgique. La maladie de Lyme est confirmée. A cette époque, il n'y avait aucun laboratoire en France, à notre connaissance, possédant les antigènes correspondants. Les médecins, dans une très large majorité, ignoraient cette affection.

Il m'est arrivé de penser à cette maladie de Lyme, car j'ai vécu la progression de la population des tiques sur le territoire hexagonal. Au cours des décennies 50 et 60, les tiques ont commencé à sévir parmi le bétail, puis chez les chiens en transmettant la piroplasmose par l'inoculation d'un hématozoaire. Les tiques étaient fréquentes, presque exclusivement, dans les Landes et sur la côte méditerranéenne. Au cours des décennies plus récentes, les tiques ont migré rapidement et envahi toute la France. L'arthrite de notre amie permettait de suspecter cette étiologie, en fonction de tous les examens subis et surtout en tenant compte du séjour dans une zone infestée par ces parasites.

Par la suite, et plus récemment, d'autres maladies, telles certaines spirochétoses et ehrlichioses, transmises par les tiques, sont diagnostiquées de plus en plus fréquemment tant en médecine humaine qu'animale.

Revenons à nos moutons et reprenons mon concept : « La planète Terre n'est qu'un grand enclos. » Abandonnons notre anthropocentrisme et considérons que l'espèce humaine est comme toutes les autres espèces animales. D'ailleurs, biologiquement parlant, notre espèce n'est qu'une espèce animale avec les caractéristiques *Homo sapiens* que nous lui connaissons et reconnaissons volontiers. Pendant longtemps, avant les déplacements planétaires illimités de l'époque récente, nous vivions en vase clos, régionalement parlant. D'où une adaptation territoriale en fonction des écosystèmes, plus particulièrement au niveau immunitaire. On se mithridatisait face aux miasmes qui pouvaient sévir locorégionalement, par périodes. Darwin nous a, en son temps, expliqué la survie des plus forts.

Je me pose la question relative au facteur qui aurait déterminé les différentes durées de vie de chaque espèce animale, et humaine par la même occasion. En tentant d'apporter un début de réponse, il me semble que ce facteur, fondamental, pourrait participer à l'équilibre de l'ensemble de l'écosystème planétaire au plan des démographies inter-espèces. Plus explicitement, afin de ne pas mettre en difficulté, sinon en voie de disparition, chaque espèce utile à toutes les autres, il lui est donné la possibilité de vivre moyennant le respect d'un taux de natalité adéquat ainsi qu'une durée de vie adaptée. La morbidité et les taux de mortalité font aussi partie des paramètres permettant d'équilibrer les densités démographiques, tout excès démographique risquant de compromettre la survie d'une ou de plusieurs autres espèces.

« Point trop n'en faut » pourrait être repris comme principe de base, et peut-être même comme loi biologique fondamentale. A titre d'exemple, les excès démographiques de l'espèce humaine, aux conséquences néfastes à l'échelle planétaire, constituent une preuve incontestable.

La vie sur cette planète a-t-elle commencé avec des bactéries ? Selon les connaissances acquises en virologie au cours des dernières décennies, les virus, ne pouvant se reproduire par leurs propres moyens, seraient apparus postérieurement. En fait, peu importe la priorité. Dans mon raisonnement actuel, il semblerait que les virus, ainsi que tous les agents pathogènes, bacilles, bactéries, prions et autres, ont un rôle biologique dévolu au freinage des explosions démographiques. Ce sont probablement ces agents, parmi d'autres facteurs, qui ont contribué à la sélection naturelle, grâce à laquelle nous sommes arrivés jusqu'à notre stade de l'évolution.

Les monocellulaires ont meublé la route des êtres organisés, des plus simples aux plus élaborés, jusqu'aux mammifères dits *supérieurs*. Cette petite phrase nous a coûté la bagatelle d'un bon paquet de millions d'années.

N'oublions pas que nos boyaux, ainsi que ceux de toutes les espèces animales, aquatiques ou terrestres, travaillent grâce aux bactéries saprophytes, donc non pathogènes. Elles décomposent les nourritures en éléments absorbables, nécessaires et utiles à la digestion, ainsi qu'au fonctionnement de tous nos organes. Ils y grouillent comme une énorme population, comparable à une grande métropole cosmopolite humaine, dans un souk aussi restreint qu'un seul tube digestif. Il suffit d'un changement minime, par exemple en interne dans les sécrétions organiques ou en externe au niveau climatique, ne serait-ce que dans la direction des vents, dans un esprit de métaphore théorique, pour que la répartition quantitative des souches bactériennes se modifie. Les conséquences pathologiques de cette perturbation sont ensuite subies par l'organisme hôte en tant que victime.

Certaines bactéries saprophytes peuvent être transformées en éléments pathogènes sous diverses influences provoquant des pathologies d'intensités variables. Elles interviennent dans la régulation démographique de toutes les espèces, y compris, bien entendu, la nôtre.

Au cours des temps, nos organismes, et ceux des espèces animales aussi, ont appris à s'immuniser, plus ou moins, à se mithridatiser, donc à survivre. Plus récemment, nous avons appris à lutter encore mieux contre les agents pathogènes, virus et bactéries pathogènes. Jenner, Pasteur et bien d'autres nous ont ouvert ces voies...

En résumé, en parlant de la vie sur Terre, on devrait dire que même nos ennemis nous sont utiles. Sans virus et sans bactéries, il n'y aurait pas de vie sur Terre !

Nous avons cru au cours des décennies récentes avoir entrepris un parcours qui nous permettrait de penser à l'annihilation de certaines bactéries, sinon de virus pathogènes, que le monde craignait par-dessus tout : rage, variole, tuberculose, entre autres.

Hélas, quelques déceptions apparurent : sida, Ebola, ESB, Creutzfeld-Jakob, NVCJ, grippes, dont le H5N1 pour le moment..., kuru, dengue, chikungunya et quelques autres...

Cette liste non exhaustive, car il doit y en avoir au moins cent quatre-vingts parmi les zoonoses, dont certaines seraient anthropo aussi, devrait ouvrir nos yeux et nos esprits.

Il me semble, malgré les apparences, que l'homme n'est pas le patron sur Terre. Il dépend de toutes les autres espèces. J'ajouterai qu'il dépend aussi, c'est évident, de tous ses congénères, « coreligionnaires », idéologues divers.

Tous ces agents, sérieusement pathologiques, mettent plus ou moins en question notre démographie. Si l'on y regarde de plus près, la progression sur cette voie apparaît assez clairement. On pourrait avoir l'impression que nos prédécesseurs les plus primitifs, les virus, les bactéries et autres, n'ont pas l'intention de démissionner de leur rôle intrinsèque, la formation et le maintien de la vie sur Terre. Ils donnent l'impression de vouloir disputer cette mission à l'homme, la domination de toute vie, que ce dernier s'imagine lui être déjà acquise.

Alors que l'engagement de cette bataille n'est qu'à ses débuts.

Notre stratégie me paraît relativement inconsciente, presque aveugle. En tout cas, si politique il y a, elle n'est qu'à court terme.

La capacité dans tous les domaines de la planète Terre n'est pas illimitée. Nos méga-calculateurs devraient évaluer les paramètres nécessaires et suffisants pour que tous les habitants de cette planète puissent vivre à un niveau de vie qu'ils vont exiger, tôt ou tard. Disposera-t-on de suffisamment d'eau potable, par exemple, d'oxygène respirable, d'aliments adéquats en qualité et en quantité, pour tout le monde ? Je n'ébauche même pas d'autres questions fondamentales. Je crois que vous m'avez compris assez vite ainsi. Je n'ai cité que quelques facteurs, à titre d'exemple, relatifs à l'espèce humaine. Que deviendront les espèces qui servent à notre alimentation ? Et les autres espèces ?

Pour ce qui me concerne, la présence normale de toutes les espèces animales, même celles qui paraissent inutiles à certains, représente une nécessité vitale, sinon impérative, pour le bien-être futur de l'*Homo sapiens*.

On se rend compte que notre affaire n'est plus régionale mais, indiscutablement, planétaire. La barrière des espèces dans le domaine de l'immunité est rompue. Les productions industrielles, principalement avicoles, porcines et bovines, afin de ravitailler et satisfaire l'appétit de la démographie humaine explosée, ont provoqué la rupture de cette douane immunitaire dont la fragilité était insuffisamment soupçonnée.

Il faudra bien passer par le tourniquet et payer la casse. Un signe précurseur, un avertissement mal compris depuis quatre-vingts ans, la grippe dite espagnole, qui n'avait rien à voir avec cette langue ou ce pays, avait pourtant provoqué une perte loin d'être négligeable dans la population humaine. Elle avait bien commencé par les élevages aviaires et porcins, avant de s'attaquer à la cible finale, l'homme.

La proposition Talleyrand, 1790, encore négligée à présent, remonte à deux siècles...

Toutes les espèces animales ont su construire leurs systèmes sociaux. Mais celle qui possède pourtant le plus gros cerveau et le mieux équipé a été incapable de concevoir et d'élaborer un système où chaque individu membre puisse vivre selon des paramètres physiologiques acceptables, sans nuisances excessives pour ses propres congénères, ni pour les autres espèces.

L'avocat des bêtes

L'économie politique et les problèmes sociaux deviennent planétaires et seront de plus en plus aigus. Toutes nos conceptions de la société dite humaine – à tort – sont erronées. Elles sont à réviser dans un esprit draconien. C'est comme au casino : « *Rien ne va plus !* »

14

De la place des bêtes et de l'homme

Je suis en colère et ce livre est un hurlement ! Quelle est, aujourd'hui, la place des bêtes, quand on constate que l'homme n'a cessé d'occuper tous les espaces de la planète Terre, sans se préoccuper du sort des êtres vivants appartenant aux autres espèces ? A-t-il l'intention de poursuivre son carnage, ou est-il prêt à concéder l'espace nécessaire à la survie des espèces animales avec lesquelles il a cohabité pendant des millions d'années ? Va-t-il continuer son explosion démographique tout en empoisonnant l'atmosphère, les rivières, les mers et les océans, et en tuant tout ce qui fait la vie sur Terre ? Va-t-il détruire toutes les forêts, épuiser chaque mètre carré de terre cultivable, exterminer tout l'habitat aquatique ?

La capacité de la Terre n'est pas infinie. Combien d'êtres vivants notre planète est-elle capable de faire vivre convenablement ? Ce n'est pas facile à évaluer, encore moins à calculer, mais il y a de quoi s'inquiéter si l'on pense à la consommation alimentaire et à celle des sources d'énergie, au renouvellement des sols, au gaz carbonique, aux guerres et autres méfaits des hommes. Combien de temps saura-t-elle résister à nos assauts, et surtout à notre sottise ? Va-t-elle supporter plus longtemps encore nos inconséquences et notre inconscience ? Que deviendront tous les êtres vivants – dont l'homme, qui semble oublier qu'il en fait partie – sans eau, sans oxygène et sans chlorophylle ? Biologiquement parlant, et contrairement à ce que la majorité d'entre nous pense, ce ne sont pas les moyens financiers qui créent la vie. Ils permettent de mieux vivre, j'en conviens, mais cela s'arrête là quand il manque l'essentiel.

Par ses actions néfastes et son comportement irresponsable, l'homme anéantit tout ce qui est nécessaire à la vie et, comme cela ne lui suffit pas, il « s'attaque » aussi à tout ce qui est beau. Je pense surtout aux animaux qui ne sont pas particulièrement destinés à sa consommation et qui, de plus, représentent un soi-disant danger car la plupart d'entre eux sont *aussi* des carnivores prédateurs. Que deviendront ces espèces animales qui ne figurent pas au menu gastronomique des populations humaines ? Est-ce un hasard si les lions, les panthères, les tigres, les rhinocéros, les éléphants et autres belles bêtes, qui ne sont plus les concurrents de l'homme comme autrefois, sont en voie de disparition ? Comment ces animaux peuvent-ils trouver leur place dans un monde où les êtres humains prennent de plus en plus d'espace, et où tout ce qui n'est pas consommé est jeté ?

Je ne suis pas pessimiste de nature, mais je ne peux pas ne pas être inquiet et ne pas réagir lorsque l'équilibre vital et viable de la planète et de tous ses habitants est à ce point menacé par l'aveuglement inconsidéré des hommes. Que vont devenir les bêtes auprès de cette immense population « humaine » qui est en train de s'agglomérer dans des villes de plus en plus étendues, de se déplacer de plus en plus vite et de faire de la consommation une priorité de plus en plus grande, sinon absolue ? L'image d'un futur particulièrement terrible, décrit par certains auteurs bien avant les années 40, devient une possibilité réelle.

Lorsqu'on observe aujourd'hui les deux calottes polaires depuis un satellite, on constate à quel point la glace est transparente. On discerne l'eau de mer à travers, sans parler du rétrécissement de ces plaques de glace. Le réchauffement de la planète est indéniable et sûrement irrémédiable, mais ne pourrait-on pas tenter d'éviter de précipiter les choses ? Car c'est bien l'équilibre de nos saisons qui est menacé et l'on sait qu'il est l'une des clés de la vie normale sur cette Terre, tout comme le maintien d'un équilibre « raisonnable » entre toutes les espèces vivantes.

Il est vrai que les mammouths et bien d'autres espèces ont disparu avant toute intervention de l'homme. Cela n'a pas empêché *Homo* d'évoluer et d'arriver jusqu'à nous. Il est vrai aussi que des millions d'années ont passé, la planète Terre a traversé des cataclysmes divers et assisté à la disparition d'une foule d'espèces de toutes catégories. Mais notre propos n'est pas de faire de la paléontologie ; il est de décrire une situation alarmante qui, en atteignant ses limites, exige une prise de conscience générale. Continuer à vivre sur Terre, après la disparition de la majorité des espèces animales, alors que l'espèce humaine ne cesse de se multiplier exponentiellement, deviendra – devient – une question de grande actualité. La noble assemblée qu'est l'ONU semble prendre le même chemin d'impuissance que la fameuse SDN (Société des nations) des années 30. Il serait temps de prendre le temps, justement, pour se réunir, avec un ordre du jour exclusivement consacré aux éléments concernant la vie sur cette Terre, réfléchir ensemble et apporter des réponses, non pas politiques mais biologiques. Contrairement à ce qui se passe aujourd'hui, la politique devrait, en effet, s'appuyer strictement sur des impératifs biologiques. *Les impératifs biologiques priment sur ceux de l'économie politique.* Il est évident que ces derniers paramètres seront à mettre en œuvre consécutivement. On a le droit de rêver... mais ensuite, agissons !

L'explosion démographique de l'espèce humaine, la disparition des bêtes et le saccage de la planète Terre sont autant de facteurs aggravants qui ne rendent plus possible la poursuite de notre logique, si logique il y a ! On peut considérer que l'égoïsme, disons « raisonnable », qui aide chaque individu à vivre, est physiologique. Mais il se heurte vite à un « plafond » qui peut être résumé en une phrase : *Vivre et laisser vivre.* Nous avons besoin les uns des autres, et si, en apparence, les tigres, les lions, les panthères, etc., ne semblent pas, *a priori*, nécessaires à nos existences sur cette Terre, ils le sont ! Je sens instinctivement qu'il nous les faut, et mon instinct ne me trompe pas.

Qui peut dire qu'il n'est ni attendri ni ému devant les images, incroyablement belles, d'animaux gambadant en liberté dans la savane africaine ? Il est pourtant dommage que, depuis quelques décennies, certains « marchands de fausse protection animale » exploitent ces situations à des fins personnelles et font le procès des zoos et des cirques. Il suffit de mettre en parallèle d'autres bêtes emprisonnées derrière les barreaux de cages moyenâgeuses, et le tour est joué ! C'est peut-être efficace pour faire bouger les gens et, indirectement, les politiques, mais le problème est ailleurs et dépasse de loin celui des zoos et des cirques... Et puis, en vérité, ces derniers n'ont-ils pas été les premiers, dans le monde moderne, à connaître, faire connaître et reconnaître la valeur intrinsèque des animaux ? N'ont-ils pas été, ne serait-ce qu'indirectement, les premiers ambassadeurs de toutes les espèces animales en voie de disparition ? Les montreurs d'ours, les cirques et les zoos ont joué un rôle primordial dans la prise de conscience du problème fondamental de la vie sur Terre, en premier lieu celle de l'espèce *Homo sapiens...*

A partir du moment où nous avons la certitude que toutes les conditions d'hygiène et de vie physiologique propres à chaque espèce y sont réunies et respectées, ce qui aujourd'hui semble être le cas pour la plupart d'entre eux, il serait préférable que les communautés régionales, nationales, sinon internationales, les soutiennent de toutes les manières. Et que cessent les récriminations des faux protecteurs d'animaux, ainsi que la tendance des âmes hypersensibles à pencher vers cette attitude erronée. Par amour des bêtes, certes, mais aussi à cause d'une certaine ignorance.

J'en veux pour preuve l'histoire suivante : environ mille ans avant J.-C., l'empereur de Chine, Wen Wang, a fait réaliser un zoo de six cents hectares, qu'il a appelé Ling Yu, « le jardin de l'intelligence ». Ce zoo a probablement été l'un des plus grands au monde, vu son étendue, et cela remonte à huit cents ans avant la construction de la Grande Muraille !

C'était l'époque du roi Salomon, qui a régné de 974 à 937 avant J.-C., grand amateur d'animaux, zoologue, si l'on peut dire. Il aurait développé, en partenariat avec le roi

Hiram de Tyr, une activité prononcée pour les collections et l'élevage d'animaux, son but étant l'acquisition de connaissances. Les oiseaux, en particulier, l'intéressaient. Il semblerait qu'il ait été l'un des premiers hommes à élever des perroquets gris. Bien auparavant, les pigeons, qui ne se capturent pas aussi facilement que les oies ou les canards, avaient été domestiqués en Mésopotamie vers 4500 avant J.-C. Aux Indes, on a découvert des figurines qui représentaient des poules et des coqs, datant de 3300 à 2500 avant J.-C. La semi-domestication des éléphants remonte à 2500 avant J.-C., au Mohenjo-Daro, dont la civilisation date de 4500 ans au minimum. Les pharaons égyptiens possédaient un grand nombre de bovidés, d'antilopes, de girafes, de chameaux, d'addax, d'oryx, d'oiseaux, etc. Et la liste est loin d'être exhaustive ! Thoutmès III faisait venir des plantes, des oiseaux et des mammifères à son siège à Karnak. La reine Hatshepsout, passionnée de zoologie, envoyait des expéditions pour lui ramener des panthères, des guépards, des lévriers, des singes, des oiseaux et bien d'autres bêtes... On dit que, au IXe siècle avant J.-C., Sémiramis, la grande courtisane assyrienne, aimait les léopards, et son fils Ninus, les lions. Assurbanipal et Nabuchodonosor étaient, semble-t-il, de grands amateurs et éleveurs de lions.

Dès le début du IVe siècle, dans la Grèce antique, chaque cité-Etat possédait sa collection d'animaux. Les jeunes intellectuels s'y rendaient pour compléter et approfondir leurs connaissances. C'est dans cet esprit qu'Aristote s'était formé. Rappelons qu'il a décrit trois cents espèces de vertébrés dans son *Histoire des animaux*. Lors de ses expéditions conquérantes, Alexandre le Grand était resté en contact permanent avec lui. Aristote était son professeur et Alexandre lui ramenait chaque fois des spécimens. Alexandre avait fait de l'un de ses généraux le roi Ptolémée Ier d'Egypte, et ils avaient fondé la ville d'Alexandrie, qui était devenue le premier centre intellectuel du monde, car il était doté du plus grand zoo qu'on eût jamais vu... Pour en avoir une idée, il suffit d'imaginer le défilé des animaux de ce zoo, organisé à l'occasion de la fête de Dionysos. Selon des textes retrouvés, il avait fallu une journée entière pour traverser la ville d'Alexandrie ! Il y avait quatre-vingt-seize éléphants tirant vingt-quatre chars – quatre par char –, vingt-quatre lions, quatorze léopards, douze guépards, un python de quatorze mètres, etc. La curiosité et l'affection avaient bien entendu joué un rôle primordial dans la domestication et l'acclimatation des animaux. Cependant, cette propension aboutissait toujours, en fin de compte, à en tirer des intérêts matériels. Il est évident que la possession d'animaux démontrait le pouvoir et la force de la domination.

Peu à peu, le nomadisme d'antan a cessé et les hommes, en se stabilisant, ont créé des communautés ayant acquis des richesses, des rois et des loisirs, dont les bêtes faisaient intrinsèquement partie.

Mais retournons un instant aux temps préhistoriques. Comme nous venons de le voir, depuis son apparition, l'homme – ou tout au moins ses prédécesseurs – a été tenu par l'obligation vitale d'observer et de tenter de comprendre, disons pompeusement d'étudier, toutes les bêtes. Au stade des cavernes – je pense, notamment, à une période située à environ 100 000 ans – il était déjà un connaisseur expérimenté en matière d'animaux !

Les peintures rupestres de Lascaux ont donné lieu à des controverses sérieuses : la datation admise par certains experts varie en effet de 15 000 à 24 000 ans... Parmi les animaux qui y figurent, par exemple, il y a le rhinocéros velu à deux cornes. Celui-ci serait un habitué des climats froids, ayant vécu dans nos régions il y a 15 000 ans. Certains zoologues ne sont pas de cet avis, car il ressemblerait plutôt à un proche du rhinocéros de Merck, lequel vit actuellement au Sumatra. Les fossiles du rhino de Merck nous apprennent qu'il est éteint depuis 90 000 ans et qu'il a vécu dans nos contrées au cours de la période chaude d'il y a 100 000 ans. Ils nous montrent aussi qu'il habitait dans des zones forestières, alors que le velu vaquait plutôt en plaine découverte. Il y a toute une série de cas paradoxaux du même genre. Toutefois, il semble plus que probable que les artistes ayant réalisé les œuvres retrouvées à Lascaux – je crois l'avoir déjà exprimé – étaient des connaisseurs de longue date, tant d'un point de vue artistique que d'un point de vue technique, et qu'ils étaient de véritables experts en zoologie, si l'on peut s'exprimer ainsi...

Tout cela me permet de poser, et même de confirmer l'hypothèse selon laquelle notre subconscient – sinon notre génome ! – serait imprégné de ce lien que nous avons avec les bêtes, depuis des milliers, ou plutôt des millions d'années.

A partir de là, on est en droit de se poser la question suivante : dans un proche avenir, quelle place auront les bêtes qui, il est vrai, devraient toutes vivre en liberté et ne pas dépendre des hommes ? Elles devraient avoir leurs territoires et y vivre selon leurs propres systèmes, en liberté totale, sans « gouvernement », pourrait-on dire. Certes, la vraie liberté se passe de tout gouvernement, mais seuls les animaux sont capables de vivre ainsi. Depuis toujours, ils forment, naturellement et instinctivement, leur système d'existence, largement fondé sur la liberté : chaque individu est libre de se défendre et de trouver les moyens de sa propre subsistance. Encore une fois, nous qui n'hésitons pas à appeler ce mode de fonctionnement la « loi de la jungle », nous ferions mieux de nous en inspirer ! Car, qui aurait, aujourd'hui, le culot de dire que ce n'est pas « la loi du plus fort » qui régit nos sociétés ? Au moins le monde animal est-il plus honnête et plus vrai...

L'espèce humaine, bizarrement, éprouve la nécessité d'être « gouvernée », car elle semble inapte à vivre en liberté. Elle ne sait pas s'organiser sans que la liberté des uns n'empiète sur celle des autres. On constate qu'on a toujours besoin de plus de policiers pour que règne un minimum d'ordre. C'est désespérant et, surtout, révélateur d'un réel désordre intérieur ! Voilà pourquoi je pense et répète inlassablement que les hommes sont les vrais sauvages. Pour canaliser leur sauvagerie, ils n'ont eu de cesse d'instaurer des systèmes « gouvernementaux » : des tribus, des monarchies, des dictatures, des républiques, des démocraties, etc. Mais, quel que soit le système – et je pense en particulier à la démocratie, les lois, les décrets et les règlements ne semblent guère capables d'avoir les moyens nécessaires et suffisants pour leur application afin d'éviter qu'ils soient galvaudés. En mathématiques, on part de postulats et d'axiomes. S'ils ne sont pas appliqués, la suite des calculs ne correspond plus à rien.

L'espèce dite « humaine » a bien du mal à honorer le qualificatif dont elle s'affuble.

Pour Aristote, l'homme est le seul animal doté de la parole. C'est le langage qui ferait la différence entre l'homme et l'animal, ce dernier étant considéré comme dénué de pensée, donc de raison, et, bien sûr, d'âme. Pour Montaigne, c'est par vanité que l'homme se place au-dessus des autres créatures, alors que ce n'est pas en termes de supériorité ou d'infériorité qu'il faut les comparer. Voltaire abonde dans son sens, mais il émet une nuance gradualiste, en procédant par paliers pour aller de l'animal vers l'homme. Au milieu du XIXe siècle, Darwin publie *De l'origine des espèces*, mais, prudent, il n'évoque pas celle de l'homme. Alors que Thomas Huxley, son ami et grand-père d'Aldous Huxley, auteur de *Le Meilleur des mondes* (1932), n'hésite pas à affirmer que l'homme descend du singe. Lady Worcester aurait eu les mots suivants : « Il paraît que l'homme descend du singe, pourvu que cela ne se sache pas ! » et Wagner aurait dit : « Que l'homme descende du singe, pourvu qu'il n'y remonte pas ! »

Le XIXe siècle et le début du XXe sont caractérisés par la révolution industrielle et ses conséquences, le moteur à explosion et les progrès dans le domaine thérapeutique, les trois guerres 1870, 1914-1918 et 1939-1945, etc. Il faudrait une énorme bibliothèque pour citer tout ce qui s'est passé depuis Aristote jusqu'en 1929, une date que je tiens à souligner. Elle met en avant les fragilités de l'Histoire et la force de certains hommes, et pas des meilleurs !

Cela se passe à Davos, village déjà fréquenté et connu à l'époque. Albert Einstein, Thomas Mann, Conan Doyle, entre autres, y ont séjourné. Au Grand Hôtel de Davos, a lieu une réunion, ou plutôt une confrontation philosophique, entre Ernst Cassirer, professeur prestigieux de l'université de Marburg, en Allemagne, et Martin Heidegger, également enseignant. Deux ans auparavant, ce dernier a publié *L'Etre et le Temps*, un ouvrage complexe, difficile, intrigant, voire obscur.

Cassirer représente le courant néokantien. Selon lui, la raison ne permet pas de comprendre le monde et la vérité ultime est inaccessible à la pensée. L'homme a été le créateur de symboles, ce qui lui a permis d'avancer. Cassirer est un homme ouvert, courtois, considéré comme un aristocrate de la pensée. Il vient de publier *La Philosophie des formes symboliques*, en trois volumes, où il explique l'accès à tout, dont le langage, grâce aux symboles. Plus tard, en 1944, il écrira *Essai sur l'homme*, où il parle de l'être humain comme d'un « animal symbolique ». En face de lui se tient Heidegger, alors âgé de quarante ans. C'est un homme arrogant et sûr de lui, dont l'attitude impressionne l'auditoire. La presse écrite – puisqu'il n'y avait ni radio ni télévision – est très présente et elle est manifestement sous le charme. Heidegger prétend d'entrée de jeu que personne, avant lui, n'a compris Emmanuel Kant et sa *Critique de la raison pure*. Il affirme que l'acquisition des connaissances ne provient ni de la raison, ni du langage, mais de l'imagination. D'après lui, c'est l'imagination qui précède et fonde la raison, et c'est sa capacité d'imagination qui créerait l'homme. Il relie ensuite le temps, facteur primordial dans sa philosophie, à l'imagination, ce qui lui permet d'avancer que l'homme est capable de se projeter dans l'« advenir », contrairement à l'animal. Je simplifie volontairement ses arguments, afin de les rendre compréhensibles. A la fin de son intervention, l'auditoire reste « bouche bée »... Même Emmanuel Levinas, brillant philosophe, a admis avoir été impressionné par Heidegger, dont il a été le disciple.

La « logique » est balayée, et Cassirer avec. Heidegger sort vainqueur de la réunion. Est-il venu, comme certains le pensent, pour détruire Cassirer ? Cette confrontation, apparemment philosophique, cache, en réalité, des dessous politiques. Trois ans après, en 1932, Heidegger entre au parti nazi. Il est nommé recteur de l'université de Marburg, dont Cassirer a été chassé parce qu'il était juif... Ce dernier part aux Etats-Unis et échappe ainsi aux suites que l'on connaît.

Je tenais à relater cet événement pour montrer du doigt, encore une fois, l'« inhumanité humaine », pour poursuivre ma réflexion sur l'homme – cet animal pourtant intelligent, capable du meilleur comme du pire – et tenter de mieux appréhender les motivations – si souvent néfastes ! – qui l'animent. Qu'est-il encore capable de concevoir, grâce à l'« imagination fondamentale » dont parle Heidegger ? Jusqu'où ira-t-il ? Anéantira-t-il tout ce qui l'entoure ?

Tentons de remonter aux origines de l'espèce humaine pour voir si la raison a quand même eu son mot à dire dans son évolution, pour tenter de comprendre et, je le souhaite, pour espérer.

Depuis un siècle et demi environ, l'étude de l'espèce humaine, depuis ses origines, se concentre sur trois domaines en particulier : les fossiles, les outils et les arts préhistoriques. A l'ère primaire, la présence des mammifères est restreinte, car les sauriens occupent la presque totalité des surfaces terrestres. Après la disparition de ces derniers, il y a soixante-cinq millions d'années, de nouvelles végétations, des fleurs, des fruits, etc., apparaissent aux côtés des gymnospermes, des pins, des séquoias et des fougères. Les mammifères et les oiseaux, qui ont survécu aux dinosaures, commencent à peupler la Terre. L'homme est loin d'exister encore... Ce n'est que vers une cinquantaine de millions d'années que les premiers primates apparaissent. Ils sont tout petits et ressemblent à des ratons ou à des écureuils, pesant cent grammes environ. Herbert Thomas a trouvé une dent au Maroc, il y a quelques années. Ils avaient des ongles, pas des griffes, un doigt opposable aux autres doigts, ainsi qu'un cerveau relativement plus gros que celui des autres animaux.

Il faudra attendre vingt à vingt-cinq millions d'années pour que les primates, au travers des prosimiens, des galagos, des lémuriens, des ayes-ayes, puis des macaques, des babouins et plein d'autres singes à longue queue, donnent naissance aux anthropoïdes, c'est-à-dire aux grands singes – *apes*, en anglais – sans queue.

Il y a vingt millions d'années, les populations de ces grands singes pullulaient en Afrique et en Eurasie. On a retrouvé des vestiges de plus de soixante espèces différentes ! On sait, par exemple, que le Gigantopithecus, un gorille énorme de trois cents kilos environ, vivait en Chine, il y a dix à quinze millions d'années, et que les Chinois ramassaient ses dents fossiles pour en fabriquer des médicaments.

Dix millions d'années plus tard, un changement climatique détruit les forêts ainsi que la quasi-totalité de la population simienne. Notre lignée a bien failli y passer ! Parmi les rescapés, on trouve les anthropoïdes actuels, les gorilles, les chimpanzés, les bonobos, ainsi que les orangs-outans (ce qui signifie « l'homme des bois », en malais), les gibbons et notre ancêtre commun, du moins je le suppose. Ce n'est évidemment qu'une hypothèse, car on n'en a retrouvé aucune trace pour le moment. Mais les connaissances que nous avons acquises dans le domaine de la génétique moléculaire nous rapprochent un maximum des chimpanzés, et plus particulièrement des bonobos. Les anthropoïdes seraient alors nos cousins, ou bien nos ancêtres...

En aparté, il paraît regrettable que nous ayons, en apparence, davantage hérité des gènes de nos cousins les chimpanzés que de ceux de nos autres cousins, les gorilles. Ces derniers sont, en effet, particulièrement pacifistes. Ils ne tuent pratiquement jamais et ne connaissent pas la jalousie. Alors que les chimpanzés, eux, ne sont pas des tendres, loin de là ! Nombre d'entre nous portent en eux la même agressivité, et les guerres qui se succèdent en sont une regrettable conséquence.

Pendant les millions d'années qui suivent, notre future espèce subit toute une série de changements climatiques, parfois si sévères qu'ils mettent en péril notre pérennité. Mais la future espèce humaine est chaque fois sauvée, on pourrait même dire « ressuscitée »... Elle rebondit et repart de plus belle, en empruntant un autre chemin. Elle se transforme et, petit à petit, progresse vers nous.

Parallèlement, le monde animal bouge, lui aussi. Il évolue et se renouvelle. La Terre, les montagnes, les forêts, les mers et les océans lui appartiennent. Les futurs « êtres humains » – en cours de formation – comptent parmi ses proies et font partie du gibier pour certaines espèces prédatrices, mieux armées qu'eux à l'époque. Ils appartiennent à la minorité « politique », si l'on peut dire. Par conséquent, ils vivent en permanence avec la peur « au ventre ». La peur est un paramètre de base et, dans certaines situations, elle devient un moteur.

Essayons un peu d'imaginer : la forêt tropicale est dense et la visibilité réduite, ce qui met sérieusement en danger les progénitures, ainsi que leurs géniteurs. La peur est là, présente en permanence, ancrée à chaque instant dans tous les gestes. Certains singes anthropoïdes continuent de vivre avec, tandis que d'autres, il y a huit ou neuf millions d'années, décident de s'aventurer dans la savane arborée où la visibilité leur paraît étendue. Ils sont près d'un lac ou d'une rivière, où ils se désaltèrent. Au lieu de retourner dans la forêt, ils restent à cet endroit d'où ils peuvent voir arriver les prédateurs carnivores. C'est dangereux. Ils le savent, ils le sentent, ils s'y attendent et s'y préparent. Sur ce genre de terrain, ils pourront courir et grimper dans un arbre.

C'est la peur qui stimule leur pensée. L'imagination arrive ensuite. Ils quittent la forêt parce que la peur – pour une raison X ou Y – ne leur paraît plus tenable, et non parce qu'ils sont attirés par l'inconnu. Leur premier réflexe est, en effet, celui de la préservation, donc la sécurité de leur survie. Ils ont peur, ils se protègent et ils se défendent avant de penser à autre chose, avant de pouvoir imaginer quoi que ce soit d'autre, avant de se demander, par exemple, ce qu'il y a en dehors de leur champ de vie et de vision, avant de s'aventurer vers un ailleurs hypothétique.

Il semblerait que l'imagination n'occupe pas la première place au rang des « outils » de l'homme, car la peur la précéderait. Et de loin ! Elle est la faiblesse de l'homme, mais elle peut aussi se transformer en une force incroyable ! Elle l'enferme ou l'ouvre, c'est selon. Par contre, l'imagination selon Heidegger expliquerait peut-être les tournures insensées de l'Histoire.

Arrivé dans la savane arborée, on continue à manger des fruits, des bourgeons, des feuilles, de l'herbe, mais il n'y en a pas tout le temps. Alors il faut se rabattre sur les insectes, les rongeurs, les charognes, etc. Ainsi, les menus évoluent et la consommation de protéines d'origine animale augmente, ce qui produit – on le sait expérimentalement aujourd'hui – une nette progression en volume et en capacités de l'intellect, et donc du système nerveux central. Cela explique aussi l'évolution de l'« outillage », des bâtons, des pierres, etc. Parallèlement, il faut se déplacer de plus en plus et, par conséquent, la morphologie du squelette évolue, ce qui aboutira à l'avènement de la bipédie.

Cette façon, très brève, d'envisager l'avènement des hominidés, à partir des chimpanzés ou l'équivalent de l'époque – que ce soit, selon votre choix, un ancêtre commun ou tout simplement l'anthropoïde le moins fainéant et le plus courageux, sinon le plus curieux, qui va partir vers notre aventure future – me paraît assez plausible. En tout cas, il me semble qu'elle vaut autant que toute autre hypothèse. Peut-être l'a-t-on déjà écrite ou pensée, mais je n'en ai pas eu connaissance. Cette théorie – ou cette histoire – vient tout droit de mon imagination. Cette fois, Heidegger aurait vu juste !

Mais revenons à nos moutons. L'homme vit ainsi pendant des temps immémoriaux tandis que sa bipédie se perfectionne et que son crâne ainsi que son contenu progressent. Le sentiment perpétuel de peur qui le tenaille, l'obligation qu'il a de développer une multitude de stratégies de défense, la puissance de son instinct de survie auquel il recourt pour ne pas mourir, les victoires qu'il gagne sur lui-même et, parfois, sur les autres, la stimulation incessante de son cerveau confronté à moult situations délicates, difficiles, voire dangereuses, tout concourt à agir directement et efficacement sur ses neurones. Stimulés, ces derniers se multiplient, se spécialisent et se spécifient progressivement, car, nous ne le répéterons jamais assez, *l'action produit la réaction.* Sa morphologie change, son corps se transforme, son squelette évolue, sa musculature s'affirme et son crâne se développe, en fonction des éléments neurosensitifs.

C'est là que l'imagination du futur *Homo* entre en jeu. Il a peur et donc il sort de la forêt sombre et s'aventure vers des terrains plus découverts, la savane arborée. Pour apercevoir un ennemi éventuel, il grimpe aux arbres. Son horizon s'agrandit d'un seul coup ! Il voit loin, au sens propre et figuré du terme. Peut-être cherche-t-il même à imaginer... Il apprend d'autres gestes, liés à une autre situation, aplanit l'herbe à l'aide de son bâton et fouille la terre, finit par trouver des racines intéressantes à consommer, surtout en cas de disette. Il gamberge et se débrouille de mieux en mieux pour trouver sa pitance. Il fait preuve d'imagination et, au fur et à mesure, il s'éloigne de ce qu'il était.

En 2001, Michel Brunet et ses collaborateurs découvrent Toumaï, au Tchad. Il y aurait vécu, il y a environ sept millions d'années. Sa morphologie permet de penser qu'il était sur la voie de la configuration des hommes futurs. Il y a six millions d'années, soit « presque » à la même époque, existait aussi Orrorin, son congénère trouvé au Kenya. L'un vivait à l'ouest du Rift et l'autre à l'est, tous deux étant séparés par quelques milliers de kilomètres. On connaît, comme je l'ai déjà dit, une soixantaine d'espèces différentes d'anthropoïdes sur les continents africain et eurasiatique. Jusqu'à présent, on a toujours pensé que nos ancêtres étaient partis d'Afrique – sur leurs deux pieds – vers le Moyen-Orient, avant de se disperser sur tous les continents. Il y avait de quoi attraper de bonnes jambes et faire évoluer les bipédies naissantes ! De plus, on avait le temps, à l'époque ; des milliers d'années... Mais on peut penser que les hominidés sont apparus en Afrique, bien sûr, mais aussi, parallèlement, en Extrême-Orient, en particulier dans la péninsule du Sud-Est asiatique, où le climat est comparable à celui des sites sub-tropicaux et tropicaux africains.

Quoi qu'il en soit, Toumaï et Orrorin paraissent être, à ce jour, nos plus anciens prédécesseurs. Il se peut qu'on en découvre d'autres plus vieux encore, lesquels nous aideront sans doute à mieux approcher la vérité sur l'évolution humaine. Et peut-être à mieux comprendre la régression humaine à laquelle nous assistons et participons aujourd'hui.

Les hommes ont donc traversé les périodes dites géologiques et subi de nombreux cataclysmes, mais ceux-ci n'ont toutefois pas eu la taille de ceux qui ont détruit le monde des dinosaures et autres reptiles, il y a soixante-cinq millions d'années. Peu à peu, ils ont affûté leurs gestes et affiné leurs pensées. Au fur et à mesure qu'ils avançaient, ils se sont trouvés confrontés à des questions plus vastes, d'ordre spirituel. Un jour, ils ont inventé le monothéisme, qui confiait le monde animal à leurs bons soins. Dieu leur allouait la domination et la responsabilité de tous les animaux de la création, mais un certain respect aussi.

Une sorte de puissance occulte les mettait alors à l'abri de la peur séculaire des prédateurs, en leur attribuant de nouvelles forces et capacités.

Aujourd'hui, ils ont inventé la bombe atomique et ont perfectionné leurs armes destructrices. Mais contrairement aux singes anthropoïdes qui, un jour, du haut d'un arbre, se sont mis à voir au loin, toujours plus loin, les hommes dits « modernes » semblent ne plus voir au-delà du bout de leur nez. Ils agissent au jour le jour et ont pris l'habitude de ne réfléchir qu'à court terme. Ils détruisent et ils tuent, sans savoir qu'ils se suicident à petit feu. La raison décroît, ainsi que l'imagination, contrairement aux apparences. Quant à la peur...

Où sont les philosophes qui pensaient le monde, et les artistes qui le transcendaient ou le devançaient ? Qu'avons-nous fait de notre bon sens, hérité de nos ancêtres ? Avons-nous perdu nos possibilités sensitives en même temps que ce bourrelet qui barrait le front de nos ancêtres ? Je m'explique : lorsqu'on examine l'anatomie des crânes des différents fossiles des anthropoïdes, des hominidés et, ensuite, des divers *Homos*, on s'aperçoit de la variation de ce bourrelet au-dessus de leurs orbites. Il m'est venu de penser que ce site crânien contient, chez l'homme actuel, une quantité variable de ferrite, d'oxyde de fer ou de magnétite, cristaux d'aimant naturel aux propriétés électromagnétiques bien connues. Les animaux continuent certainement à posséder les bourrelets qui contiennent ces dépôts, car ils captent les ondes très fines que leurs congénères ou autres êtres vivants – des ennemis, en particulier – émettent et qui trahissent leurs intentions.

A ce stade de notre réflexion, je me demande simplement si la perte quasi générale de cette capacité de percevoir ces ondes chez l'homme est liée à l'absence de ce fameux bourrelet, donc à une quantité trop faible de ferrite. Des travaux de recherche récents ont démontré la persistance de ces dépôts au niveau des muscles oculomoteurs au fond des orbites, ainsi qu'à la face interne des paumes des mains et au niveau de certains ligaments articulaires des doigts. L'homme a, certes, l'air plus civilisé, mais, en contrepartie, il ne capte plus aussi facilement les nanovibrations électromagnétiques émises par des sources diverses, des signaux, voire les pensées d'autrui.

Quelles que soient les théories avancées, nous ne pouvons que constater que l'homme est en train de perdre ce qui était inné en lui et qui appartenait à sa « part animale ». En un mot, toutes les qualités qui contrebalançaient ses défauts. Et plus précisément celles qui le liaient intimement à la vie, la sienne comme celle des autres êtres vivants. Les animaux sont indispensables à l'équilibre biologique général de la vie sur Terre et en particulier à la bonne santé organique et psychique des hommes. Les animaux ont, bien sûr, une importance capitale, parce qu'ils constituent l'une des principales sources de protéines dans l'alimentation. En outre, ils sont intrinsèquement liés à l'équilibre biologique entre toutes les populations vivantes sur Terre.

Si les bêtes disparaissent, l'homme disparaîtra lui aussi, plus vite, bien plus vite qu'il n'est apparu, car il ne faudra pas des millions d'années... Mon objet est de le dire, de l'écrire et de le dénoncer. Je n'ai cessé de le faire depuis plus de trente ans, je continue et je continuerai inlassablement, car je ne peux pas – et je ne veux pas – assister au massacre des espèces animales et, indirectement, de l'espèce humaine. Je ne saurais être témoin de la fin de la vie sur Terre.

Je n'en ai aucune certitude, mais j'en ai la sensation : seules les bêtes seraient capables de guérir les hommes de leur maladie chronique qui, paradoxalement, s'appelle la bêtise.

Table

Composé et mis en pages
par DV Arts Graphiques à Chartres,
cet ouvrage a été achevé d'imprimer
sur Roto-Page
par l'Imprimerie Floch à Mayenne
pour le compte des éditions Anne Carrière
104, bd Saint-Germain 75006 Paris
en septembre 2006

Imprimé en France
N° d'édition : 401 – N° d'impression : 66402
Dépôt légal : septembre 2006